台灣歷史故事

3

開拓發展的時代

〔1732～1840〕

故事／鄒敦怜
顧問／曹永和
審訂／台北市國小社會科輔導團

編者的話

台灣歷史從史前時代開始，一直有著非常豐富的內容。雖然遠古文化的發展仍然有待發掘，原住民的歷史也需進一步整理，但是十七世紀以後的活動都已載入史實。在這段源遠流長的發展過程中，留下了許多影響深遠的事件，與令人懷念的人物。可惜的是，到目前為止還沒有一套適合少年朋友閱讀的完整叢書，以了解台灣歷史的演進。

有鑒於此，聯經出版公司特別邀請了兒童文學作家，根據歷史資料，將重大的事件與人物改寫成歷史故事。涵蓋的時間從史前以至台灣光復，牽涉的主題從艱辛的開發過程、激烈的戰爭與動亂、社會的民情與風俗、到個別人物的感人事蹟，都包含在內。

這套「台灣歷史故事」叢書一共五冊，相信少年朋友在閱讀之後，一定會從中獲得對台灣歷史發展的基本認識與了解。

序

這套書中，我負責的年代正是清廷對台政策改變最多的時期。一批批的移民懷著夢想來墾荒，一次次仍希望反清復明的勢力被煽起又平息。清廷在這兒設縣設省，先民則在這兒開疆闢野。我也想到自己的祖先，正是在這段時期，從廣東渡海。他們受得了船旅的顛簸嗎？他們是否克服得了思鄉的情緒？他們曾捲入當時的閩粵械鬥嗎？他們曾加入「金廣福」的開墾嗎？越是寫下來，對自己是客家人，是台灣人的意識就更清晰。

這段時期的末尾，清廷已現傾敗之象，台灣不可避免的被捲入作犧牲品，但我仍看出先民堅韌的意志力，立誓與這塊土地共存的決心。

有他們的付出，才有現在的台灣。成書後，我只有滿滿的感謝。

寫這本書的人

鄒敦怜
1967年生於花蓮
現職國小教師、主持客語廣播節目，有兒童文學、小說、散文著作八種。
曾獲：教育部文藝創作獎
聯合報文學獎等

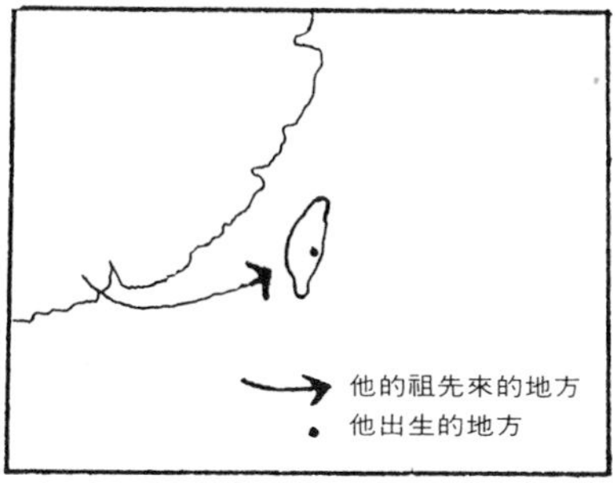

看看！我們在哪裡？

在世界地圖裡，台灣的位置。

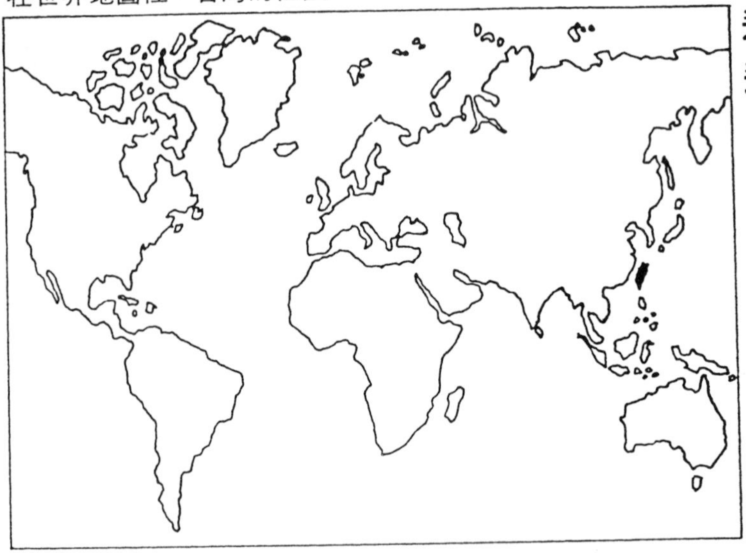

清朝漢人移民的路線圖

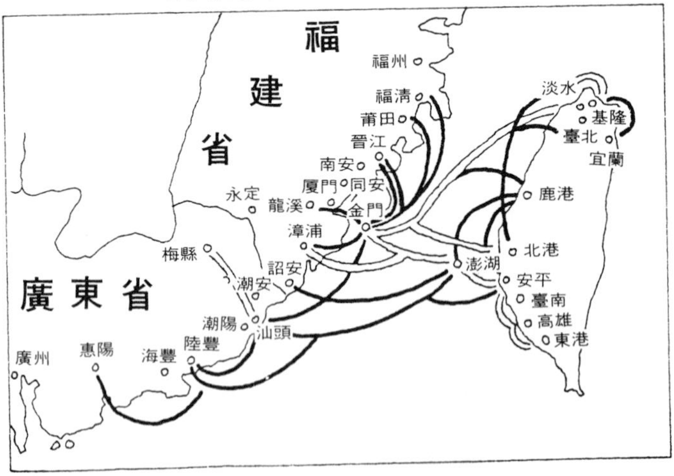

歷史地圖

這本書提到的重要事件、地方，在這裡可以找到。

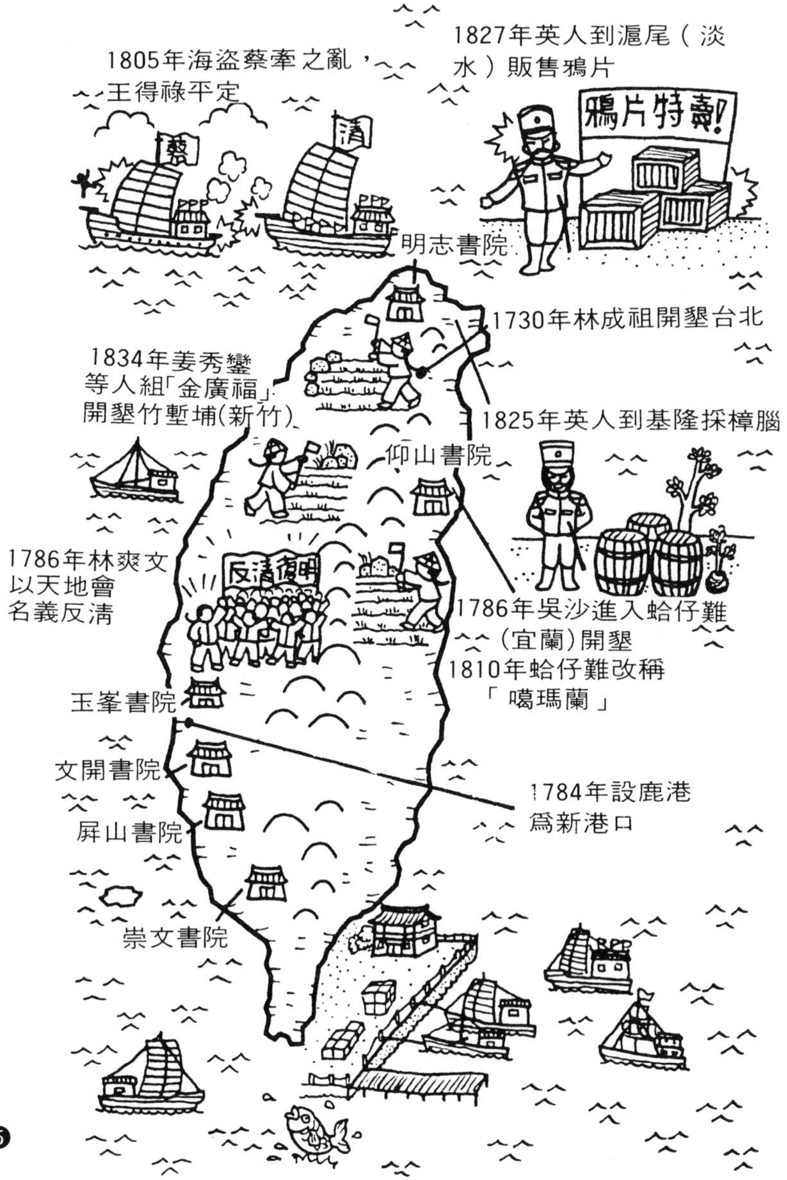
1805年海盜蔡牽之亂，王得祿平定
蔡
清
1827年英人到滬尾（淡水）販售鴉片
鴉片特賣!
明志書院
1730年林成祖開墾台北
1834年姜秀鑾等人組「金廣福」開墾竹塹埔(新竹)
1825年英人到基隆採樟腦
仰山書院
1786年林爽文以天地會名義反清
反清復明
1786年吳沙進入蛤仔難（宜蘭）開墾
1810年蛤仔難改稱「噶瑪蘭」
玉峯書院
文開書院
1784年設鹿港爲新港口
屏山書院
崇文書院

這些年發生的大事……

西元	中國	重要事件
一七一四	康熙五十三年	•馮秉正受清廷任命，來台繪測台灣西部地圖。
一七一九	康熙五十八年	•施世榜在二水興建水圳，人稱施厝圳、八堡圳。
一七二一	康熙六十年	•朱一貴以「反清復明」為口號，發生朱一貴事件叛亂。
一七二二	康熙六十一年	•首次閩粵移民發生械鬥。 •清豎石畫界，防止漢人入侵原住民的土地。
一七三二	雍正十年	•清廷開放准許移民攜眷來台。
一七三三	雍正十一年	•實行「保甲法」，一家犯法，九家連坐。
一七三七	乾隆二年	•嚴禁原住民與漢人通婚。
一七五四	乾隆十九年	•霧峰林家始祖林石來台。
一七五五	乾隆二十年	•董日旭開墾三峽。
一七五八	乾隆二十三年	•清廷命令平埔族原住民學習漢人習俗，從漢姓。
一七六六	乾隆三十一年	•阿里山通事吳鳳，勸誡曹族出草被殺。
一七六八	乾隆四十三年	•板橋林家始祖林應寅來台。
一七八四	乾隆四十九年	•設鹿港為新港口，鹿港成為台灣重鎮。

這些年發生的大事……

西元	中國	重要事件
一七八六	乾隆五十一年	‧台灣天地會反清，林爽文事件爆發。
一七八七	乾隆五十二年	‧吳沙進入蛤仔難（宜蘭）開墾，成爲「開蘭第一人」。
一七九六	嘉慶元年	‧白蓮教聚衆起事。
一八〇五	嘉慶十年	‧海盜蔡牽之亂，由王得祿平定。
一八一〇	嘉慶十五年	‧蛤仔難改稱噶瑪蘭。
一八二五	道光五年	‧英國人到基隆開採樟腦。
一八二七	道光七年	‧英國人到滬尾（淡水）販售鴉片。
一八三四	道光十四年	‧姜秀鑾等人與官方合組金廣福，開發竹塹埔（新竹）。
一八四〇	道光二十年	‧中英鴉片戰爭。
一八四一	道光二十一年	‧英國船隻進犯基隆。
一八五四	咸豐三年	‧美國人到台灣調查煤礦，主張占領台灣。
一八六〇	咸豐十年	‧清廷敗給英法聯軍後，訂立北京條約，開放淡水、安平爲商港。
一八六一	咸豐十一年	‧郇和出任英國首任駐台領事。 ‧清廷將樟腦改爲專賣，實施官辦管制。
一八六二	同治元年	‧戴潮春之亂，林文察平定有功。

目次

開拓台北的英雄

台灣山高水急，如果只靠自然雨水，農業很難發展。先民由南往北築圳引水，台北城也因此慢慢發展起來。

大甲溪畔的林家，不知道該不該讓自己的大兒子，隨同來自福建漳浦的林成祖一起北上墾地，雖然這個兒子長得高大強壯，但畢竟才十六歲啊！

三十出頭的林田對妻子吳氏說：「還是我去好了，留兒子和你們在這也好照應。」林田幾年前，跟著族人林成祖來台。他們只聽說台灣耕地多，只要肯努力，就能種出東西。他們來到台灣，先向原住民貸「番田」耕種。番田是要按年繳租的，林田永遠也忘不了，當他們一鋤掘下去，發現是肥沃黑土的那一剎那，真是興奮極了。黑土對農民來說比黑金還重要，一歲兩熟，讓他們都能安居置產。趁著渡台禁令放寬攜眷條件時，他趕緊把妻、兒接過來，這一生是沒什麼遺憾了。妻子來台後，又為他生了子女，只是除了老大，其他孩子年紀都還小，還幫不上農事。

吳氏對林田的建議有些遲疑，這個家的男主人總是東奔西跑，害她擔心。每當她聽見林田又砍掉一片密林，又和野熊或大蛇交手，她都膽戰心驚。這些來台墾荒的朋友，也常有受不住這兒蟲蛇瘴癘侵擾而喪生的例子，她多

•清廷曾下達五次的渡台禁令，前後達一百九十年，其中大多爲嚴禁渡台、限制攜眷等規定。西元一七三二年開始，放寬攜眷限制，但以在台灣居住並且有產業者爲限。

• 大甲的位置。

希望所有的家人都留在身邊啊！

倒是大兒子林必成說話了：「爸、媽，請放心吧！這次林叔申請了墾照，要開墾擺接、興直二堡。林叔經驗豐富，財力雄厚，況且我們人多，也能互相照應。請您不要擔心了。我記得爸爸剛來台時，也像我這般大而已，他還是自己一人渡海，不像我還有爸爸媽媽照顧呢！」善解人意的大兒子，淨說些令人安慰的貼心話。

林田想到族裡這位林成祖，他的頭腦真是沒話說的。記得初到大甲時，雖然田地肥沃，取水方便，但離河水還是有段距離。大甲溪的小支流水量不穩，有時一個乾旱，他們就得到源頭取水。幾次以後，林成祖就委請大家開鑿大圳，讓溪水穩定順暢的流過這片田。大圳就叫做大甲

• 基隆河上的行船。

圳，大圳讓他們的穀子收穫達到萬石。跟著這樣一個人，必成也許真的能學到東西。林田想通了，吳氏雖然捨不得，也只好讓兒子去接受磨練。

擺接、興直二堡都在現在的台北。林必成聽莊裡的長輩說過，從竹塹到南嵌，人煙稀少，早先來的墾戶還可以看到麋鹿成群結隊而過。從南嵌到台北，到處是密密的竹林，現有的道路都是前人披荆斬棘完成的。那樣偏遠的地方，一定有開墾不完的地！將來，當他也有資金時，也要向朝廷請領墾照，讓父母一起來耕種。

林必成和許多佃戶，隨著林成祖北上，以每甲地徵租八石，向墾首林成祖租田。剛開始大夥都很努力的闢田整地，要移走大石頭，砍掉巨木，燒掉雜草，再把土翻鬆，整理成一塊塊的田。整地工作完成，佃戶才發現，這裡幾乎是看天田。從北上定居至今都沒下足夠的雨，整好的地怎麼開始播種插秧？佃戶向林成祖反映，表示再這樣下去，盤纏用盡，又沒有收穫，真不知怎麼過日子！

林成祖有開鑿大甲圳的經驗，知道一條流經此地的水道就可以解決問題。問題是，最近的水源也距離十餘里，不像大甲溪那麼便利，這回如果要建圳，要引的水是內山之水，穿山越嶺，可不是輕鬆的事！

「各位，我曉得要大家放下莊稼事不做是很為難的，但如果缺水的話，再好的田也是沒用的。請大家先挖一條圳，我會負擔大部分的資金。」當時，地方官鼓勵開墾，但對水利設施是不聞不問。大多由墾戶獨資或合資興築，如果過不了這一關，整好的地又會變成荒田了。

「我們一定可以做成的。彰化不是有林先生廟嗎？那就是為了紀念興築八堡圳的林氏，當康熙爺中葉，施氏引濁水溪水灌溉，但完工後水流不通，人人都以為濁水溪的水不可用。沒想到林氏勘察後，居然完成了。大家都是外地討生活的，一起努力吧！」佃戶中有位年紀稍長的，以彰化有名的八堡圳勉勵大家。

好！那就開始動工吧！

他們也像前人一樣，在建圳之前先勘察地形，預估大圳可能流經的地方。引內山的水，用泥土、木材、石塊堆疊堅固，做成水道。為人闢路只要除去地面草木石塊等障蔽就可以，為水建道可就沒那麼簡單了。要掘土開出深

•八堡圳因灌溉面積涵蓋彰化地區八個堡而得名。林先生幫忙築完圳後，連名字也不留，民衆感謝他，建祠紀念，即爲現在彰化二水的林先生廟。

農民工作情況。

溝，這次他們要築的圳，就寬達二丈四尺。

他們從秋天挖到來年夏天，已經有十餘里，內山的水可以引到興直、擺接堡了。佃戶歡欣鼓舞，等待著水源源不斷的流進田地。可是隔了一陣子，水流漸少，竟只剩圳底一些溼潤的泥巴。

這是怎麼一回事呢？佃戶前去查看，發現原本經過一條旱溪的路徑，今年旱溪水漲，內山引來的水從這兒就被轉了流向。有人獻計：「該埋土管在溪底，這樣不管今年溪水是旱還是澇，都不會影響水道。」說起來不難，做起來卻十分危險。粗心的長工廖全就被埋在地底土管內，因搶救不及而送了命。在地底水道接通後，又有張豐在閘門放下時，被突來的洪水滅了頂。每當有意外發生，大家都像喪失親人一樣悲慟。

有了地底土管，大安圳的灌田有千餘甲，佃戶的收入明顯改善了。大圳的土石要常檢修，否則土石崩塌，或是洪水沖刷，大圳的功能就喪失了。前後數年，林成祖費財十餘萬，但他為自己和佃農創造了致富的機會。這時大約是乾隆二十一年（西元一七五七年）左右，林必成也有二十一歲了，他打算在這兒成家立業，對佃首林成祖再次募集墾田，不再參與。

林成祖出資鑿了大安圳，又鑿永豐圳及申請開墾荒地。有人勸他好好養老，不要一大把年紀了還每日做農事。他很理所當然的答：我從小就是農人，很早就知道要耕種才能享用，怎能閒得住？況且這些都是國家的土地，久置就荒蕪了，開墾也是替國家生利啊！」他一生中，開墾的田有數千甲，是當時的首富。開墾了包括新莊、新埔、後埔、枋寮、大佳臘等地，為台北的開墾，奠下了基礎。

•大佳臘（又名大加納堡），即現今的台北市。

台北城的城門

創辦書院的讀書人

清廷開始在台灣設立各級公立學校，到公立學校讀書的學生叫「生員」。生員名額很少，一般學子要受教育，往往要靠私立的書院。有心的讀書人，會在功成名就後為鄉里建書院，造福後輩。

「學而時習之，不亦說乎。有朋自遠方來，不亦樂乎，人不知而不慍，不亦君子乎。」太陽才剛溫熱大地，屋子裡已經有十幾個孩子搖頭晃腦的背誦功課。有幾個背得不熟，想溜出去玩的孩子，一看到站在門口的老師嚴肅的表情，立刻嚇得止住了這個念頭。

這裡是位於海中群島的澎湖，地瘠民貧，如果不想一

•澎湖的位置。

輩子做個辛苦的農人或漁人，只有讀書一途了。學子在老師耳提面命下，都知道自己在學習的條件上不如台灣。當時，台灣的公立學校已有府學、縣學、廳學，分別在台灣府、縣，鳳山、嘉義、彰化縣，以及淡水廳。也有大大小小的私立學校：像是民間捐備的義學，或是取之番租成立的社學，與官方合辦的書院。全台文風蓬勃，而澎湖只有少數的義學，都是附近熱心的居民捐款延請老師，希望子女有較好的教育機會。

這所義學所請的先生韋志申，是雍正年間的老秀才，他在澎湖一待就待了快十年，早已把這裡當作自己的家。他聽說彰化白沙書院是兼攝彰化縣事的淡水同知曾日瑛捐的，曾日瑛以為，彰化建設也有二十餘年了，該有個書院

•在當時，台灣子弟受教育的目的有三：一求取功名；二成爲軍事領袖；三是在商業上有成就。

・西元一七六七年的前一年，英國人瓦特改良發明蒸氣機，造成產業巨大的改變，歷史上稱爲「產業革命」。

・通判：各府中裁決行政及獄訟糾紛的官員。

作育人才。前不久，在淡水的朋友告訴他，富農胡焯猷為地方設了一所明志義塾，不但延請名師，又將八十多甲的水田收入全當作義塾的支出費用。台灣地區人們生活過得好，對辦學也有較大的熱忱。澎湖的居民，哎！但求三餐溫飽而已，其他的也只能量力而為了。不過，韋志申還是希望有一天，澎湖的文風，也能像陽光一樣的亮眼。

乾隆三十一年（西元一七六七年），新任通判來到澎湖，居然實現了韋老秀才的願望。通判名胡建偉，字勉亭，廣東三水人，是乾隆十年的進士。澎湖人雖然沒有學校，但遇到的地方官吏都能全心為地方設想。前任通判周于仁，遇事果斷，不畏強禦。他勸民墾地，由官方給耕牛、種子和農具，澎湖的地大部分都是在他任內開發出來的。于仁奉滿回原籍四川時，澎湖人還建祠祭祀呢！新任通判能不能有周于仁的愛民呢？俗話說，新官上任三把火，人人都在揣測這位新官的脾氣。

胡建偉原本是直隸無極縣同知，來到澎湖，首先發現澎湖居然沒有一間像樣的學校。他撥出經費協助各個社，希望每社族人自設義塾。陸陸續續的，像韋志申這樣的老秀才被請回來教書，澎湖的孩子也有更多讀書的機會。

有一天，韋志申像往常一樣授課，忽然聽到外頭車馬喧騰，引得學生都無心上課。韋志申向外頭一看，原來是新任通判視察各社的義塾。只見通判胡建偉輕裝簡從，一點架子都沒，還垂問孩童上課的情形，勉勵學子認真向學。韋志申沒想到新官的火，竟是燒得這般適切。一時恍

•同知：輔佐府、州首長知府、知州處理行政、軍事、經濟各種事務的官員。但是有些特別事務需要專人處理、幫忙，例如：幫忙處理糧食的人稱爲管糧同知，幫忙河運的人則稱爲管河同知。

• 沈光文曾被推爲「台灣文獻初祖」。

惚，社中長老引來胡建偉到他面前，向胡介紹：「這位就是教書的先生，姓韋名志申。」通判英氣逼人的神采，讓韋志申有些慚愧，近來自己似乎太疏於課業了，才會老是扛著這個秀才頭銜不得長進。胡建偉很客氣的問：「韋先生，請問您在義塾授課，有沒有困難？我會盡力解決。」

韋志申想起前年有名資質甚高的學生，赴台鄉試。但考試日期前後拖延甚久，那名考生因帶的錢不夠，無法久留台灣，只好中途返鄉，放棄了伸手可得的功名。如果在澎湖也有考試地點，對地方來說不是很方便嗎？於是便將這事稟明。

「哦！真有這樣的情形？我會想一想。」胡通判似乎很認真的想著這個問題。

視察後不久，韋志申就聽說新通判訂學約十條，又親自校訂課程，振興土木，要建文石書院。這是澎湖唯一的書院，面海背山，風景優美。胡建偉託熟識的友人，趁往返內地時順便購買書籍，以充實書院的圖書。各義塾優秀的學生，可以到這個半官方捐助的書院讀書。書院的建立，果然大大提升了當地的文風。新聘的老師，新購的書籍，越來越多的求學人數，讓每個人都燃起了希望。胡建偉也爭取到澎湖學子能就近考試的權利，學子不需旅途奔波，能安心在家鄉準備。

澎湖開闢這麼久，仍然沒有地方志略留下，前任通判只成志略一卷卻又遺失。因此胡建偉集合地方的讀書人，編寫澎湖紀略十二卷。整個澎湖的讀書風氣，就是從文石

• 文石書院位於現在的澎湖縣馬公市內。

書院散發的光而激盪出來的。

胡建偉在治澎八年後就升北路理番同知，韋志申也在數年後告老回鄉，他們都不知道，在老師及學生的努力下，澎湖在西元一八〇〇年出了第一位舉人蔡其英，一八四五年開澎進士蔡廷蘭也出現。這些成績不但讓澎湖人自豪，也代表那些創辦書院者辛苦的結晶。

在這時的台灣，公立學校招生的員額很少，大多數人想求學，只有到私設的學校。也虧有這些創辦、掌理書院

•西元一八四五年（道光二十四年），蔡廷蘭中進士，被譽爲開澎進士，著有「越南紀程」、「淡荒紀略」二書，具有文化人類學的價值，是清代文人的傑作。

的讀書人，才能將知識傳流下去。像淡水的陳維英（一八五九年舉人），掌教仰山書院和學海書院，黃敬（一八五四年貢生），講學於淡水天后宮社塾，鄭用鑑（一八二五年貢生）在明志書院講授三十年……這些，都是令人敬佩的讀書人。

•科舉考試的考場。

•清代文人的裝束。

法外施恩的朱山

新墾的土地常是不肖官吏謀財的依據，但也有清廉守法的官吏，使地方風氣爲之一變。

彰化縣郊區的一家小吃店，一個中年的夥計，趁著店中客人較少的時候，向老闆請假。

「聽說，明天知縣朱大人要回來了，我想去接他。」夥計說出原因，老闆立刻答應：「真的是朱大人要回來了嗎?那我把鋪子休市一天，我也想去接朱大人。這些年的牢獄之災，真難為了他。」不但是這家小店在談論著「朱

彰化的地理位置

•知縣：府州的下級單位是「縣」，最高的行政長官就叫做「知縣」。

•台灣被清廷收入版圖後，所有耕作的土地一律改爲官田，由政府招募佃農耕植。後演變爲須領照開墾，才發展成地主與佃農的關係。

大人」，城內各個角落，都有人談著這位令人懷念的朱山知縣，雖然他離開了原來的官位也不過幾個月的時間，但彰化地方的居民，總是感念著他的政績。

朱山是浙江歸安人，乾隆十六年的進士，二十年時派任彰化知縣。他到任上，先到廟裡焚香祭禱後，第一件事到就是到監獄中看人犯。

當時彰化開發得不多，富農有大片的土地可以租給佃農，佃農的際遇就看個人造化了。如果風調雨順，有個豐收年，不但可以繳納租金，還有餘穀可以蓄存，生活就會慢慢改善。雨水不足的荒年，稻穀歉收，連租金都交付不出。再加上遇到了不講理的地主，不體恤佃農欠收穀子的窘境，反而以收回租田或隔年加倍徵收來作手段。佃農在

• 清代官員圖。

生活困難下，常常淪為暴民或竊賊。朱山在視察人犯時，會問獄吏：「這個人是強盜嗎？犯了什麼錯？」如果獄吏告訴他，這些只是偷了糧食的小竊賊，朱山就會叫獄吏卸去他們的枷鎖。獄中巡過一周，他把所有被釋放的人犯集中起來，很誠懇的告訴他們：「生活再怎麼貧苦，也不可以為非作歹，不顧王法。念你們從前犯的只是小錯，現在放你們回去，下次別再犯錯。」每位被釋回的人犯，還得到朱山贈予的金錢，帶著半信半疑的腳步離去。

朱山法外施恩的事情傳出，有人又羨又妒：「犯了錯還可以得到十金的賞賜，這個知縣是錢太多了？還是故意要籠絡人心？」說話的人，似乎很後悔自己以前沒犯過錯，才會錯過十金的意外之財。被遣回去的犯人，大多數能認真安分，不再偷竊，但是也有少數的人不知悔改。有次捉到一個小賊，朱山訊問時，發現是不久前才被斥回的罪犯。他很生氣的說：「一犯再犯，這種人留著有什麼用！不如打死算了。」這個累犯，果然被處以杖擊致死。鄉裡的居民心生警惕，相互告誡：「朱知縣是認真的，千萬不要犯了法條。」居民投機取巧的心，漸漸消去。

朱山調任彰化期間，一向以法為斷定是非的依據。他審案時，訴訟雙方都會被請到現場對質，以求公平。他相當認真，沒有堆積的案件公文，什麼事情都儘快的處理。

有一次，他捉到一個竊賊，是第二次犯錯。朱山正要命令行杖時，看見竊賊淚流滿面，似乎有滿腹苦衷。朱山問：「犯法的人，就要有必死的準備，你還哭什麼！」那

•樵夫扛柴。

個人抽搐著，斷斷續續的說：「我知道不能再犯錯，不然是死路一條。但是家中有老母，我的租田連續兩年，稻子來不及抽穗就被太陽晒死。為了要養活母親，逼不得已才淪為竊賊……哎！我這一死，可憐母親一定也活不長了。」朱山看場中，果然有位老婦人，抱著席子痛哭，這張席子就是準備要裹著兒子屍體回去的呀！朱山心生不忍，這麼一個孝順的人，卻落得要做出不孝的事情，是誰的錯呢！朱山再給這位人犯十金，叫他到他鄉謀生，看看生活能不能好一點。這個人感激得叩頭離去。

彰化縣署有自己的地，一年歲入數千金，這些私款全是知縣額外的利潤，不管是豐年或荒年，知縣的私囊永遠是飽飽的。朱山到任，就把這個陋習廢除。縣署歲入，用

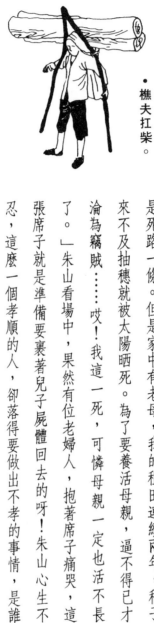

來救賑貧民。朱山說：「除了該有的俸祿外，其餘的就是橫征而得的。我當個父母官，怎麼可以讓自己貪圖享受，害得百姓生活貧困呢？」

並不是所有的官員，都像朱山一樣。巡道文德視察彰化，看到朱山餽贈的禮物，心中十分不滿。這個新知縣，不懂巴結長官，只送來十石米，羊四隻，比起從前豐厚的金銀，這分禮物實在太微薄了。文德下了一道命令，要朱山丈量縣內土地，以求每一分地都可以收到稅金。朱山極力爭取暫緩，他的理由是：「彰化還只是剛開發的地，有一大片是不適宜耕種的旱地或含鹽分的鹵地，這種情形和外縣不大一樣。從前清丈時，曾特意留些地給農民，讓他們貧苦的生活能得到紓解。現在如果又要再丈量，在這收穫不好的時候，農民的生活不是更難維持嗎？」朱山抗命，但更嚴厲的公文連連下來。曾替上任知縣工作的鄉紳告訴朱山，巡道文德只是要更多的錢。他約集鄉中巨賈，湊足萬金賄賂，想化解這件事。朱山不為所動，他認為自己並沒有錯：「只要我在任內一天，你們就不可以做這種賄賂上級的勾當。」文德聽說朱山阻擋了自己的財路，非常生氣，彈劾朱山私收採買，朱山要被送往福建審判。

朱山被逮時，鄉人氣洶洶的想與來人衝突，不讓他們帶走朱山。朱山義正辭嚴的說：「如果你們真要報答我，就要知道我最重的是王法。現在要我抗命不去，豈不是害了我嗎？」居民聽了，乖乖讓出一條路來。要送他到福建的官船上，已經放滿了居民提供的糧食物品，朱山又是感

・台灣併入大陸初期，彰化隸屬台灣府，而台灣府則歸福建省管轄，所以朱山要被遞解回福建審判。

動又是心疼，即使是一小籃雞蛋，也是居民省吃儉用才存下來的。船正要開時，一名男子拿百金要送朱山，那人說：「我第二次接受您的贈金後，聽從指示到外地，改行賣魚，果然賺了錢，能讓母親過較好的生活。聽說您要遠行，母親要我來，報答您的恩惠。」朱山問他：「我怎麼知道你是不是真的本本分分的工作呢？這些錢你還是拿走吧！我不接受不明不白的錢。」朱山只是想斥回這個說話激動的青年。沒想到青年難過的說：「您不肯接受，就還是當我是竊賊，我還有什麼臉回去見母親！」男子傷心投海，船夫緊急救起，朱山對自己失言深表歉意，也接受了這筆錢。

如今，朱山被釋回，這樣的知縣要回來，難怪居民會這麼興奮。朱山在彰化任期滿後，被派往灤州。彰化在他的治理下，居民的生活逐漸改善，也能遵守法律，安居樂業。

清兵押解犯人

富農林爽文的皇帝夢

反清復明的思想一直存在於台灣社會，西元一七八六年富農林爽文起義，讓清廷開始想到要認眞治理台灣，才能廣得民心。

乾隆五十一年（西元一七八七年）的秋天，一股肅殺之氣席捲彰化大里杙，他們聚在富農林爽文家中，談的是諸羅知縣借故向天地會中的人勒賄，引起「斗六門之變」。他們有個相同的念頭：要不要揭竿而起，除去民怨？

莊人林石說：「還是打消念頭吧！以我們的力量要和

・朱一貴原爲養鴨人家，因不堪官府暴政，自稱爲明朝後裔，舉兵攻擊台灣府，只花七日的時間，就占領整個台灣，自號爲「中興王」。

•清代農民聚在一起聊天。

官府抗爭，實在是很難成功的！」

但是那些被官府捉去的同志呢？黃鍾生死未卜，張烈凶多吉少，楊光勳一家財產入官，先後被斬的有數十人，更令人憤慨的是，為了捉拿他們，七里之外的大墩淪為火海。知縣俞峻和北路營副將赫生額、游擊耿世文，為了要警惕他們這些「亂黨」，竟拿無辜的人家開刀。大墩的幾個小村莊無緣無故被焚燒，沖高的濃煙連遠在幾里的大里杙都看得到。聽說，無辜的老弱婦孺被趕到路旁，哭聲震天。寒冬即將來臨，他們的日子怎麼捱呢！

林爽文也想勸止，他從漳州平和來台，好不容易有現在的基礎。大里杙離縣治有二十多里，靠近山區，溪流交錯，地形複雜。他種植竹子當藩籬，盡量避免和別人起糾紛。但最近四周的大家族，常為了小事相互爭鬥。小爭吵變成大規模的械鬥，常蔓延數十個村落。他為了保護家產，也聚集了家丁和勇士，這原本只是單純的為了自衛啊！可是朝廷卻恐懼他們「結盟」，康熙年間的大清律例，就這麼規定：「凡異姓人但有歃血訂盟焚表結拜者，照謀叛來行律。」犯了律例的，重的斬絞，輕的也要到烟瘴之地充軍。林爽文心想：現在政局不穩，全都是因為異族入侵造成的。如果能恢復明室，讓天下回到漢人手中，一切都會不一樣的。

相傳是鄭成功創的天地會，打著「反清復明」的旗幟，六十多年前朱一貴曾因此號召了眾多義民。雖然朱一貴的勢力迅速被瓦解，但這股勢力還在暗中滋生。從天地會蛻變出來，重新改組的「復興天地會」，應時而生。林爽文也秘密入會。信徒從淡水、彰化到諸羅、鳳山，他們立了盟約，有事就相互救援，勢力大得連官府也不敢查辦。要不是台灣道永福、知府孫景燧下了決心要嚴辦，他們也許只是一直在鄉間做夢的農夫。但官府這樣做，逼得他們非得站出來了。

「好！我們先為大墩的居民報仇！」爽文率著自己的家丁，在這年十一月二十七日夜晚，夜襲大墩，居然把駐守的官兵全數殲滅。乘著士氣，爽文召集更多武力，進攻彰化。大概精銳已全集中到大墩，守在彰化的城兵不到八十人，爽文二十九日就攻下了彰化，並殺了包括孫景燧在內的官吏。十二月底，以天地會成員為主的義軍攻陷竹塹，並殺了巡檢張芝馨。義軍擁爽文為盟主，建元順天，駐在彰化縣署。

既然當了皇帝，就要有皇帝的樣子。爽文穿著從戲班子取來的戲服，用黑緞做帽子，上頭盤兩條金龍，結上黃纓。他高坐堂上，接受群眾歡呼，心裡真有當皇帝的感覺了。他封了許多戰友的官，勝利讓人人都覺得有希望。第二年元月初六，攻下諸羅，爽文的聲勢讓各地的義軍紛紛起來響應。斗六門、南投、貓霧拺都攻破。鳳山的莊大田，出資造軍器、樹立號幟鮮明的大旗，自稱南路輔國大元帥，他集結數千人，十三日攻下鳳山縣。爽文和大田合力，圍住府城。這時，清廷再也不能把爽文的崛起看成不成氣候的「義軍」、「亂黨」，他能一下子聚起那麼多的

•專門管理陸軍的首長，稱爲陸師提督。

•將軍督師：清代各省駐防軍隊的指揮官，都是由滿人擔任。

人，又能連連攻陷大大小小的城市，這樣的火苗若是不及早熄滅，遲早會動搖到大局。天地會的成員中，素質良莠不齊，有的進了村落就胡作非為，漸漸也有人對這些扛著反清復明大旗的義軍起了反感。海防同治楊廷理，就一邊募集反天地會的義勇，一邊向福建總督求救。

乾隆五十二年（西元一七八八年）春天，大批的水陸軍蓄勢待發。水師提督黃仕簡率兩千名兵力入鹿耳門，陸路提督任承恩也帶兩千兵力入鹿港，海壇鎮總兵郝壯猷，副將徐鼎士陸續前來支援。爽文仍然擊退這些內地派來的兵，朝廷再度下詔，以常青為將軍督師，李侍堯為閩浙總督，調廣東兵四千、浙江兵三千、駐防滿兵千人加入。已經形成氣候的天地會黨人，又連連傳了捷報，更加把朝廷的命令視同廢紙。一直到原屬天地會的莊錫舍陣前倒戈，爽文迅速興起的力量，才略微受到挫折。

莊大田興起時，聚結了漳州人，莊錫舍則聚結了泉州人。本來錫舍對大田就有些不滿，兩人暗中相互較勁，大田破了鳳山後，更表現得自大自滿，常懷疑錫舍與當道署小官的親戚通風報信。錫舍心中非常的不平，此時巡道永福的招降，就很能吸引他：既然在這兒得不到諒解，何不另謀發展！錫舍來降，楊廷理於是派他深入大田陣中反間，這個計謀，讓大田和爽文的軍力漸漸削減。

爽文的兵，在諸羅曾遇上一場艱苦的戰爭，從西元一七八八年的一月下旬，一直圍了半年多的城，仍然攻不下。城內由柴大紀領導的官兵百姓，餓到吃豆粕、掘樹根

•楊廷理不僅平定林爽文事件有功，在開發宜蘭方面，也有很大的功勞。

・福康安是乾隆皇帝最信任的協辦大學士，被任爲欽差大臣，專辦林爽文事變。

都不投降。大紀死守諸羅，使清廷有時間派更多軍力來支援。爽文的順天年號還不滿一年，已顯露疲態了。

十一月初四，陝甘總督福康安命侍衛內大臣參贊海蘭察攻八卦山，收復彰化，從這時開始，爽文嘗到兵敗如山倒的窘況。爽文築土城高壘、列巨砲，就是無法阻擋如潮水湧來的清軍。二十四日，雙方在丁台莊激烈戰鬥。二十五日，爽文逃竄入集集山區。十二月初五，清軍至集集山下，爽文再往裡走，藏匿於拏番社。不料清廷的賞賜豐厚，社中有名叫杜敷的居民，捉住爽文父親林勸、弟林壘、母曾氏、妻黃氏獻出邀功，爽文再往埔裡社山中走，第二年二月初四，爽文逃至老衢崎，他知道大勢已去，只是身心俱疲。

•勞動者的打扮。

爽文最後的悲壯之舉，是讓好友高振發財。他知道逃不過了，自願讓高振縛住他交給官府。爽文被捉以後，他號召的力量迅速瓦解，二月初，大田兵敗被殺。二月中，爽文、嚴烟等被送到北京定罪判刑。前後達三年的林爽文之變，告了一個段落。他只是個平民，居然讓南北地方的「義軍」自動響應，讓清廷得調四省精兵才平定。這股民間力量，讓清廷不敢輕視台灣。這點從爽文之亂平定後，福康安上書朝廷「善後策十六事」，其中有習戎備、除奸民、清吏治、速郵政等讓台灣更進步的建議，朝廷都一一應允可以看出，開發整治台灣，是一項不能輕忽的工作。

清代的藝術家

清廷治台期間，不願爲異族效力的讀書人，將巧思揮灑在藝術創作上，留下傑出作品。

在變動的年代裡，一般的讀書人，總會想投入政治，尋求更大的影響力。可是也有少數特殊的例子，他們寧願寄情於書畫藝術上，不理會時局是如何。林朝英和吳鴻業，就是這個時代少有的「藝術家」。

「伯彥，伯彥！」屋外有人喚著。

「有什麼事嗎？」字伯彥的讀書人，本名林朝英，在家潛修了好一陣子。這一年是乾隆五十四年（西元一七九〇年），拖了三年的林爽文之變算是告了一段落，這時春天的陽光看起來特別耀眼，人人都可以感受到那一股溫暖。

「伯彥兄，恭喜你啊！聽說朝廷已經要授予你中書的頭銜，大夥兒都為你高興呢！」說話的是當地文社的成員，平時幾個讀書人，偶爾會聚在一起討論文章，交換新作，雖然不是兄弟，但也有手足間的情誼。

「喔——是這樣啊——」林朝英好像不太關心，他對這樣錦上添花的事情，總是不太熱衷。前兩年，他的一個遠房子姪，曾寫件告訴他，說自己正參與「反清復明」的

・林朝英，因倡議修建縣學文廟，並且自費監督，得到朝廷賜「重道崇文」一匾。此匾現仍掛在台南市中山公園內。

・林朝英，熱心公益，是當時台南府城的重要人物。

大業。朝英個性淡泊，不好巨變巨動。他想到那位遠房親戚，只有這麼一個獨傳長子，萬一有了意外，叫自髮人送黑髮人，不是太不孝了嗎？於是，在回給子姪輩的信中，他很嚴厲的斥責了舉兵的不智。可惜，這封信並沒有發生作用，那位熱血奔騰的青年，還是投入了革命，而且還被清兵捕獲了。朝英給子姪的信，也被一起查出。朝廷看了信，就想召見嘉勉他。朝英一想到有個年輕的生命葬送在盲目的理想中，自己心中的陰影揮之不去。那一年，他用「身體不好」婉拒，沒想到隔了快一年，朝廷還是給了他這分嘉勉。這到底該不該高興呢？

來的客人看他靜默不語，也不好意思打亂他的沉思，只好也靜靜的欣賞屋內的擺設。這是一間很普通的書房，唯一不同的是，房內許多器物，都是主人親手雕刻的。一組「春耕像」，用竹節和木頭刻出牛拖著犁向前的模樣。一組「夏日品茗」，竟然出現在一塊廢棄的木杵上，上頭刻出了一群正在品茗的文人。鄉里的人早就有這樣的說法，再頑固的木癭竹頭一到朝英的手中，立刻像柔軟的泥土一樣，再也頑固不起來，任由林朝英要把它們雕成什麼樣子。

「失禮，士軒兄。這是我最近的新作——」好不容易朝英才停止沈思，開始招呼客人。他掀開一塊刻了一半的作品，隱約可見到裡頭有一隻鳥形。

「這是『螳螂捕蟬，黃雀在後』，其實在黃雀後有鷹，在鷹後有犬，在犬後有獵人……」

•艋舺，卽今天的萬華，清代與台南（當時稱爲台灣府）、鹿港並稱爲台灣三大都市。「一府二鹿三艋舺」

•艋舺地名的由來，就是因爲當地是獨木舟（莽甲）很大的停靠站，所以取其音「莽甲」爲「艋舺」。

讀書人的心意畢竟相通，客人立刻接著說：「這個時候，哪樣不是隱藏危機呢？只可惜世人皆短視，看不真切，我們又能如何！還是像你這樣好，寄情書畫工藝中，胸中塊壘也得已紓解。」的確，一室瀟灑出塵的墨畫書法，道盡了主人的心境。朝英的書法自創一格，單看一筆一畫都像竹葉形，但組合起來，又是別有味道的字。書房裡，兩人賞畫論字，彷彿已經忘了世間的煩憂了。

比起林朝英寧願把時間花在雕刻和書畫上，艋舺人吳鴻業愛蝶成癡，寧願和蝴蝶做朋友，也是一位風格獨特的讀書人。吳鴻業字「希周」，名字裡或許就透露出希望和夢到變成蝴蝶的莊周一樣，也能像蝴蝶一般輕盈自在。

認識鴻業的人都知道他的脾氣，平時他很少說話，舉止相當謙和，如果和他談些雅趣的事情，他就會如遇知音，把你看成上位嘉賓呢！

鴻業畫的蝴蝶，栩栩如生，好像剛從園裡飛進畫裡一樣。許多熟識的人向他討畫，人多得連門檻都要被踩平了。鴻業覺得自己的畫剛完成，還來不及再仔細看是否合格，就被喜好的人取走，不如一口氣畫個幾十幅，讓喜好的人都可以觀賞，他有心想完成「百蝶圖」。

「畫一兩隻、十幾隻還可以有不同的姿態神韻，一百幅不一樣的蝴蝶，那可不容易啊！」有人很好奇，哪裡找來那麼多蝴蝶呢？

鴻業哈哈大笑，他說出自己小時候的事。有一次，他正在讀書，外頭春花燦爛，有一隻蝴蝶飛到窗前盤旋不

•台灣以前有「蝴蝶王國」的美名，因爲自然環境的關係，在南部的高雄、屏東，中部的埔里、霧社，北部的烏來及東部台東、大武山區，都有蝴蝶的蹤影。

•近來，因土地的濫墾、水源的破壞、環境的汙染，蝴蝶的棲息地大都遭到破壞，蝴蝶已經越來越少見了。

去。他趕緊提筆臨摹，一幅翩然欲動的春蝶圖就快完成，卻被老師一聲斥喝：「希周，你在做什麼！」打斷了他的畫興，也嚇走了蝴蝶。「所以嘍！雖然我臨摹了許多名家的作品，但畫蝶時最好的老師，正是活生生的彩蝶呢！」

鴻業特地在花房裡用薄紗做一個水晶屏，在花園裡牽上蜘蛛網，鋪著鮮花吸引蝴蝶。每捕捉到一隻，就關進水晶屏裡，任由蝴蝶自由飛舞。沒隔多久，蝴蝶居然像飼養的鳥兒一樣，偶爾放出屏幛，招招手就會飛回來。牠們忽上忽下的飛著，有時還自在的停在鴻業的掌上，或是排成隊形群舞，真是壯觀極了。鴻業稱美麗的蝴蝶為「玉腰奴」，從春天三月開始，一直到夏天，這一百多日，鴻業捉到了百來隻蝴蝶。能這麼近的賞玩，他畫起蝶來像有神

・林朝英的書畫。

助似的，每隻姿態都不同。再配上不同的花草，蝶的特色就更突出了。百蝶圖完成後，鴻業撤去水晶屏，只見蝴蝶紛紛飛到花樹上，他的花園，像是蝴蝶王國一般。

百蝶圖發表時，鴻業那間喚作「拜石山房」的小屋，聚了不少文人雅士。他們對一幅幅精緻的蝶畫嘖嘖稱奇，有人當下就懇求能借去臨摹。拜石山房裡，有人吟詩，有人賞畫，有人操琴。屋外仍有群蝶飛舞，彷彿也想加入這場盛會。

吳沙開拓噶瑪蘭

西元一七八七年墾首吳沙憑著義氣和膽識，召集漳、泉、粵三籍的人民，開始噶瑪蘭的開發。有了噶瑪蘭的開發，往後東台灣的開墾才算有了根據。

•吳沙畫像。

乾隆五十三年（西元一七八九年），清廷平定了林爽文之變。林爽文的黨徒，所有還存著「反清復明」思想的漢人，為了逃避禍患，紛紛向山林中藏匿。台灣山多，叢林密布，山中的地形險惡，一般人都不輕易入山，藏入山林中，要尋找就十分不易。林爽文之亂後被擢用的同知徐夢麟，知道朝廷打算加強對台的開發，便向朝廷推荐一個人——吳沙，認為要開發蛤仔難（噶瑪蘭），非要找吳沙不可。

吳沙？這個原本沒沒無聞的人，真能擔任重任，一邊開發、一邊屯田駐兵？真能既遏阻亂黨勢力死灰復燃，又能安撫當時還沒開化的原住民嗎？當時漢人稱原住民為「番」，早先的移民，為了要與「番」爭地，曾使用各種不光明的手段。兩者間的相處一向不和諧，吳沙真有本事能做得好嗎？面對朝廷的疑問，徐夢麟有他的看法。

吳沙，是漳州人。年少時生活過得不好，但對朋友很講義氣。他答應別人的事，一定設法做到。別人對他有一分恩情，他一定設法回報十分。所以雖然他過得落魄，但有許多朋友。故鄉的生活不好過，他跟著朋友來到台灣，

●蛤仔難，又叫噶瑪蘭，也叫甲子蘭，清光緒元年，以蘭字冠上文雅的「宜」字，自此稱爲宜蘭。

•三貂嶺，並不特指某座山或某個嶺，而是指自台北縣瑞芳鎮起，經雙溪鄉、貢寮鄉，至宜蘭大里鄉一帶的山，都稱爲三貂嶺。

住在台灣北部的三貂嶺。

三貂嶺離原住民的部落很近，吳沙憑著義氣和擔當，毫不畏懼和「番人」做生意。他很有做生意的頭腦，知道貨真才能價實，真誠才能做永久的生意。他不像一般漢人，存心欺騙原住民。他在西元一七八七年，招募人手墾荒，雖然仍有顧忌，只停在三貂，不敢再深入內山。但在三貂的作風，使得原住民對他相當信任，不分遠近，都喜歡和他做生意。

徐夢麟說：「吳沙和原住民熟，又很有膽識，再合適也不過了。」乾隆三十三年，淡水的林漢生曾帶數百人，從三貂嶺沿基隆河想進入蘭陽平原，可惜全在蛤仔難遇難。現在吳沙要開拓的，正是這條已阻隔二十年的通道。

•蛤仔難即是宜蘭。

淡水廳小官林兼才，曾在貧窘不堪時投靠過吳沙，他很感激吳沙對人的熱誠協助。據說，內地來台的人，只要去投靠吳沙，吳沙就會給他白米一斗、斧頭一柄，指導他上山伐木抽籐。山中資源豐富，入山開墾的，都可以自給自足。「多虧吳沙的救濟，不然我也沒有今天的成就。」林兼才提起這段往事，仍然十分感慨。

聽到官府要他率鄉勇前往蛤仔難開墾，吳沙心中十分高興。這幾年他與原住民做生意，也曾深入蛤仔難。那是一塊陽光遍野的美麗平原，廣大而肥沃，如果真能開墾，那將是能豐收的穀倉。他與友人許天送、朱合、洪掌三人，分募人馬，率漳、泉、粵三籍鄉勇兩百多人，在嘉慶元年（西元一七九六年）九月十六日，至烏石港。他們築土堡，就是今天的頭圍。吳沙率的鄉勇佃農，墾地日廣，引得原住民提出抗議，原來只是做生意，為什麼漢人的地越來越廣，幾乎逼近了他們的家園？

平埔族原住民，面對越來越多的漢人，只有結集全族來抵抗。雖然吳沙是他們信任的漢人，但事情演變成現今的狀況，他們對「漢人」是又疑又懼。在一次鄉勇和原住民的戰鬥中，吳沙的弟弟吳立一刀被刺死，鄉勇也受了很大的傷害。吳沙並不因此喪失信心，或是對平埔族人採取報復手段，他一面加強戰備力量，一面派遣使者去和平埔人講理。使者要傳達的是這樣的消息：這批漢人是奉官命前來，為的是保護原住民的財產。因為海寇、亂民將要占領這裡，對原住民將會有威脅。屯田駐兵，是為了這裡居

・頭圍，即今天的宜蘭頭城。

・在宜蘭的平埔族，主要爲「噶瑪蘭族」。他們散居在平原及近海處，以漁獵、遊牧爲生，性情溫馴樸拙，人數曾高達九千人。

民的性命，絕非有心貪圖原住民的土地。

使者成功的把消息帶到，兩方的衝突暫時停止。但原住民對吳沙還是保持警戒，吳沙的開墾，也只限於頭圍一帶。一直到山地村中，發生了一件大事，吳沙開墾蛤仔難的進度，才大幅邁向前，這時是西元一七九六年的冬天。

原來，山地部落的居民有人患了天花。患者長滿了天花痘，很快的又傳染給了別人，患病的人不是在發痘時併發急症死掉，就是留下難看的痘痕。傳染病一再蔓延，死亡的人數越來越多，原住民決定全社遷移。吳沙聽說了，親自帶了藥物上山。起初原住民寧死不敢吃藥，怕吳沙想害死他們。吳沙的藥在山上，無用武之地。

吳沙到一個小頭目家中，看見頭目也因發病痛苦不

先民割稻圖

堪。他準備好藥，跟這個平日就有交情的頭目說：「反正你活不長了，何不試試？這些藥可以治好你的。」頭目堅持：「我們祖靈會保護我，不必你的藥！」吳沙提醒頭目：「你欠我一個人情，你忘了？」頭目的親人曾被鄉勇捉住，是通過吳沙交涉，才安然無恙的返家。為了這個人情，頭目勉為其難的吃下藥。這帖藥發揮了功效，第二天早晨，頭目的熱度退了，臉上的痘痕也漸漸好轉。「吳沙是神！他可以醫好怪病，是祖靈派來的神！」這個消息一傳十，十傳百，請吳沙醫治而好的人有一兩百人。為了答謝吳沙，原住民送土地給吳沙，不到一年，吳沙的地增加數十里！

第二年，吳沙赴淡水廳申請墾照，準備再深入開墾。

•吳沙當年所住的地方，稱爲吳沙大厝，在今宜蘭礁溪鄉。因年久失修，正廳已經倒塌，但旁邊的小廳仍有吳沙的子孫居住著。

有開墾頭圍的經驗，這次朝廷很快的應允開墾，而且大小事宜，都交給吳沙全權辦理。吳沙請淡水富商柯有成、何績、趙隆盛資助，召佃農鄉勇前去。這次他先訂鄉約，規定租穀的徵收標準，沿路伐木築道。

順著山勢，吳沙設了隘寮十一所，這些由募集而來的丁壯駐守的「民壯寮」，一般駐守十餘人，範圍大點的也有五六十人。民壯寮的丁壯，晝夜巡邏，擊柝示警，為了要畫分漢人和原住民的界限，避免兩方不必要的爭鬥傷害，這次擴展的範圍稱作二圍，來這兒開墾的佃農，因為一路上相當安全，都有根植於此的心願。蛤仔難的開墾，也越見扎實。

吳沙在西元一七九八年去世，但他已經為蛤仔難的開發，奠下了良好的基礎。姪子吳化被三籍的鄉勇尊為義首，聽他的約束，各自有開墾的範圍。大約十年後，海盜蔡牽、朱濆的兵，逃竄到蛤仔難，這批吳沙帶出來的鄉勇，發揮了防禦鄉土的作用。嘉慶十五年（西元一八〇〇年），總督方維甸上書朝廷，稱揚這兒居民的英勇事跡，朝廷下召蛤仔難改稱噶瑪蘭。西元一八一二年秋天，設噶瑪蘭廳，置民番通判，也大規模築城建署，畫分地界。一直到光緒元年（西元一八七五年），再改噶瑪蘭為宜蘭。

漢人墾拓路線圖

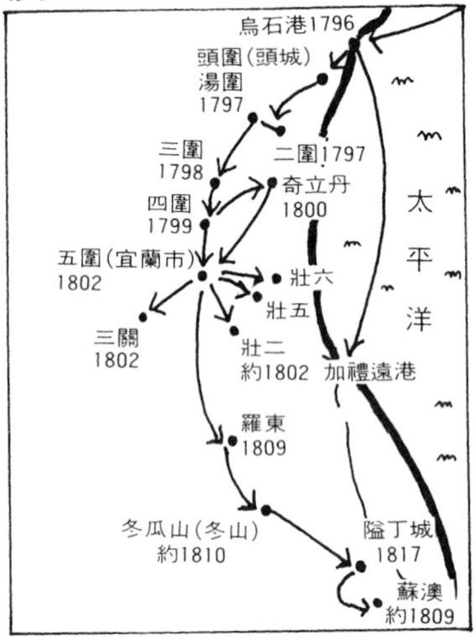

海盜蔡牽橫行十五載

孤懸在海中的台灣，一向是海盜覬覦的目標。犯了罪逃竄海上的蔡牽與朱濆，讓百姓聞之喪膽。清廷動用了多名大將進剿，地方鄉紳也合力抵抗，才解決這長達十五年的大患。

嘉慶十年（西元一八〇五年）四月，淡水海邊，數百艘船聚結，聲勢驚人。岸邊也有不少人在那兒，看那些人的裝扮，有點像沒事做的無賴漢，說話流裡流氣的。膽小的李二奉主人的命令要經過這兒到市場買魚，一不小心被其中一個濃眉大眼的中年人一把抓住：

「小兄弟，要不要加入鎮海威武王的部下？保證你後

•無賴漢，台灣話俗稱「羅漢腳」。

・蔡牽出沒海上已經許多年，是凶惡有名的海盜，後來想在台灣建立政權。

半輩子不愁吃穿，喜歡做什麼官都成！」說話的人粗魯的把他推到牆邊布告上，一邊說：「看得懂吧？我是大字不識一個！但齊先生說這就是文告啦！」李二發抖膽怯的樣子，逗得圍觀的人哈哈大笑。曾隨小主人讀了一兩年家學的他，知道上頭的文告內容：鎮海威武王，建元光明，今日祭天地昭告……。他心裡噗通噗通的跳，這張文告的主角是聲勢稍息才兩個月的蔡牽，他居然不小心走到這惡賊的巢穴，看來是凶多吉少。他嚇得臉色發白，幾乎要昏倒。一個聲音救了他：「喂！今天是大王登基大喜之日，不宜開殺戒，這個貧酸的小鬼看起來也沒什麼油水可撈，別拿他尋開心啦！辦正事要緊。」趁著這些人轉移注意力，李二才恢復神智，不要命的拔腿狂奔回家。

一路上，他聽到鄰居議論紛紛。說蔡牽與山匪洪老四等結盟，招了數千人入黨，也聚集了數百隻船，又大整旗鼓回台。船中有被虜的讀書人，像齊先生之輩的，以天時地利人合的說法附和討好蔡牽，他果然認為自己有稱王的實力，就自封鎮海威武王。更令他得意的是，去年曾挫敗他們的署都司陳廷梅以及前淡水同知胡應魁，最近交手時分別戰死或重傷，他們這回真的讓官府望風而逃！

李二倉皇的回家報告主人，沒想到主人也已知曉，正在與族人謀對策。這個蔡牽，原本是福建同安人，犯了盜匪之罪，逃亡海上，一面號召黨徒，一面劫殺海上商旅。從山東到廣東、廣西沿海，都可以聽到他們燒船搶奪的暴行。受害的人中，以台灣到大陸的商船損失最嚴重。他們

• 署都司：明代最高的軍事官位都指揮使司，又稱作都司，清代的都司則是指揮游擊部隊的武官。

・當時台灣對大陸開放的主要的港口爲鹿港和鹿耳門。

不單海上作威作福，又與陸上的山賊互通信息，令地方官員相當頭痛。嘉慶八年（西元一八〇三年）六月，蔡牽將劫來的台米數千石，分送給朱濆，並和朱濆聯盟。一時官府膽戰心驚。朱濆是有名的廣東大盜，凶惡殘忍不在蔡牽之下，如果這兩大魔頭合作，海上就更不能平靜了！幸好蔡牽在福建沿海時，被海壇游擊李長庚擊退，他怪罪朱濆營救不力，兩大勢力瓦解，蔡牽的氣焰才稍稍收斂些。

少了朱濆的蔡牽，在這幾年還是橫行海上，對官府的緝捕令視若無睹。在鹿耳門的居民，有一段恐怖的經歷。西元一八〇四年夏天四月，蔡牽以迅雷不及掩耳的姿態攻占鹿港，先停泊在鹿耳門。那兒雖有水師駐防，但設備不足，賊船進出，根本不看在眼中。二十八日，蔡牽在大雨中攻北汕，官兵來不及防備，砲都來不及發，蔡牽的黨徒毀掉砲台，奪走鐵砲，官軍手中沒了武器，只能消極抵抗。三十日夜，鹿耳門營署被一把火燒掉，火光大得遠在安平都看得到。海寇的凶殘，即使是營兵、義民滿布的海岸，都莫可奈何。

蔡牽就在衆目睽睽下，燒掉哨船，搶奪商船。船戶知道連官府也不能幫他們了，只好到蔡牽船上談條件，交出巨額款項贖回船，讓蔡牽大有斬獲，心滿意足離去。那一次，李長庚的閩浙水師，一直到十二月初三，才在淡水追到蔡牽，給予重擊。沒想到還不到四個月，海寇的羽翼又豐，再度席捲淡水海岸。

蔡牽在淡水自封威武王後，嘉慶十年（西元一八〇五

•淡水的位置。

年）四月二十四日，來到舊地鹿耳門。他派遣黨羽通知四處的山賊從陸地響應，來個裡應外和。十二月初，兩股勢力已經進駐洲仔尾，這兒離郡城才六里。台灣知縣薛志亮看到這樣的情形，覺得鄉紳商賈不能再讓海寇盜賊食髓知味，否則蔡牽的勢力會更大。面對海賊的勒索，如果一次次滿足，只會養大他們的胃口。薛志亮去說服海口附近的鄉紳商賈，要他們克服恐懼，與官府合作，自己也聚集鄉勇守禦。

薛志亮的請求，得到紳商的大力協助。他們原本的貿易，從海盜作亂以來，十之八九都被掠奪，生活快過不下去了。紳商募勇捐款，在海口入城處駐守。總義首陳啟白請求添建木城在海口，衆人合力，從小西越過大西到達小北，有一千兩百丈的木城屏障，費了六千銀兩，在三日內就完成。所有的布置，都是為了在蔡牽來時，能發揮防禦功能。

果然，十二月初五，蔡牽進攻安平。安平居民攜眷逃入鹿耳門，閒雜人來來往往，商店也都罷市。守城官聽說已有山賊混入，有些就換了服裝逃走。幸虧有紳商的義勇協守，即使是夜晚都燃巨大火把巡視，堅守各門不讓山賊靠近，只留大西門進出，以便盤查。這回山賊不能得逞，雖然每逢三、六、九日就攻城，但都被紳商用大砲擊退。

蔡牽的陸上接應遇到挫折，他自己的海上部隊也出現了剋星。嘉慶十一年（西元一八〇六年）正月初五，閩浙水師提督李長庚命金門鎮總兵許松年、澎湖水師副將王得

•提督：實際負責國防重鎮的軍事事務的官員，就叫做提督。

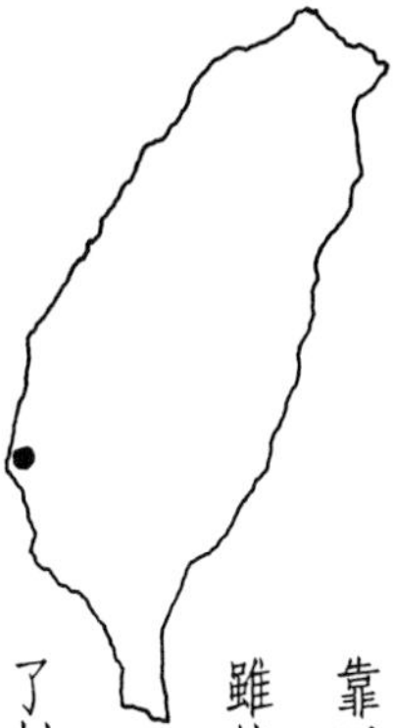

•鹿耳門的位置。

禄加入擊退海寇的工作。蔡牽在入口沈舟想阻止官船進入內海，沒料到許、王兩將駕澎湖的小船進入，乘著風勢，一把火燒掉三十餘艘賊船，捕虜數千名海寇。這一燒，讓蔡牽元氣大傷，退守洲仔尾，想與陸上的勢力聯合。洲仔尾蔡牽的勢力究竟有多大?在內港的官軍不敢輕舉妄動。二月初二，總兵愛新泰下令突擊洲仔尾，蔡牽大敗。初六黎明，蔡牽賄賂浙兵，從鹿耳門逃出。那時正是漲潮時，風又大，官船都追不上。十六日，蔡牽又重泊鹿耳門，但聽說李長庚也到，嚇得北上到噶瑪蘭。

有海口紳商拒敵的成功，當時還沒進入版圖的噶瑪蘭，是由吳沙的姪子吳化領事開墾。吳化夜集鄉勇數百，占住要塞，當蔡牽黨徒入市搶奪時，一舉擒下十三人。蔡牽想靠岸攻擊，吳化叫衆人把大樹幹丟入海中塞住港道，蔡牽只好恨恨離去。五月二十七日，福寧鎮總兵張見陞和王得祿，合力擊退又到鹿耳門打劫的蔡牽，這一次，蔡牽的船隻受到嚴重破損，從此不敢再犯台灣。

「不行，不將蔡牽除去，隔一陣子他一定又再回來。」負責的李長庚有深切體認。第二年十二月，他聽說蔡牽在黑水溝，也追到那兒，卻不幸被砲擊中。嘉慶十四年（西元一八〇九年）秋八月十八日，王得祿也在黑水溝緝捕蔡牽。蔡牽知道這回逃不過，竟然開砲炸裂自己的船，一家人也一起葬身海底。

傻愣愣的李二自從那次在海岸受了驚，每逢主人又要他到漁市買魚，心裡總是毛毛的。有天，他聽到路上的人

•（鎮）總兵：負責實際帶兵，鎮守地方的將領。

•黑水溝，就是今天的台灣海峽。

說，李長庚將軍封伯爵，王得祿將軍封為子爵，海寇平定啦！他不敢相信，硬是擠向前看清布告。等看清楚了，李二才眉開眼笑，手舞足蹈的回家。雖然他不是曾被搶財害命的商人，但這一場前後長達十五年的海寇之亂的平定，他可是比誰都高興！

•看布告的民衆。

從西元一七八六年林爽文之變開始，王得祿將軍的戰袍從未卸下。他從二十歲一直到七十二歲，畢生都爲捍衛台灣而努力。

道光二十一年（西元一八四〇年）英人為了鴉片和中國交涉。艦隊東來，引起台灣沿海防衛的重視。皇帝除了防堵廣東、廈門、江浙沿海，也聽取閩浙總督鄧廷禎所奏，指示特別注意台灣和廈門。皇帝派台籍前任提督王得祿，和台灣鎮、道協力保台。這一年，老將軍已經七十二歲了。花白稀疏的頭髮，看起來有些蒼老。他的十個兒子

•台灣濕氣重，大家謠傳抽鴉片可以預防疾病，結果從台灣到大陸，每年要吸掉三萬箱的鴉片。湖廣總督林則徐於是採取禁菸的行動，卻引起英國的憤怒，而發生鴉片戰爭。

看見父親試穿戰袍，心中有些不忍。

「父親，這次要駐防澎湖，您還習慣乘船嗎？」大兒子朝綱問得很婉轉，距上次王得祿坐戰艦指揮軍士，也快三十年了，雖然說鬥志不減，但歲月畢竟不饒人啊！

次子朝綸說話直接，也顧不得父親是否會生氣：「父親，您還是回了朝廷吧！二十年前您就稱病從浙江返台，沒有二十年後還要您披掛上陣的道理啊！朝廷又不是沒人了，為什麼還要征調您老人家呢？」朝綸是真的擔心父親的身體。他記得從幼年起，父親就長年隨軍隊征討，朝廷要他去哪就奉命前往，幾乎是打了一輩子戰，父子也很少長時間相處。二十年前，父親在浙江提督任內，因操勞過度返回台灣。他最高興的，不是父親的病很快就養好，而是父親可以長時期留在家鄉，自己不但可體會親恩，也可盡些孝道。現在父親已是古稀之年，又要隨隊出征，他真恨不得自己可以「代父從軍」。

得祿也知道孩子們的心意，或許這次一去，就再也看不到他們了。九年前，嘉義張丙起事，那時候他才六十出頭，還能募集義勇五百，跟著水師官兵到樸仔腳助戰。那時他還有用不完的精力似的，在張丙之亂平定後，他倡議重修城垣，並建義倉，募集稻穀兩萬石儲存備用。那一仗，讓他又加了一項太子少保的頭銜。不過，打完那一仗，他覺得自己慢慢變老了！他慢慢的說：「孩子，朝廷的命令是不可違抗的，我還能為國效命，是榮耀也是義務啊！再說，蠻夷之國不會真有什麼大作為的，很快的我就

• 樸仔脚，即今天的嘉義縣朴子市。

• 「代父從軍」的典故來自南北朝樂府詩——「木蘭辭」，描寫女英雄木蘭代替年老的父親從軍的故事。

•嘉義原名諸羅，乾隆皇帝「嘉勉」當地民衆「奮力向義」，才更改爲嘉義。

•千總：武官中的下級軍官。

可以回來。這次回來，我一定向朝廷請辭，安享餘年。」既然父親這麼說，王家的孩子也不敢再加入什麼意見。明天就要出發了，他們的心情真是複雜啊！

得祿回到自己房裡，看見媳婦為自己整理好的衣物，也看到準備好的被褥，他是該好好的睡一覺才會有精神，可是怎麼也睡不著，他回想自己馳騁沙場這一生。算來，王家也是忠烈傳家。得祿聽長兄說過，曾祖父李奇生以千總身分隨征朱一貴，在鳳山戰歿。曾祖父死後，他們一家人遷到當時還叫諸羅的嘉義溝尾莊。乾隆末年林爽文起事，當林攻陷諸羅時，得祿到府城乞師，募得義勇五百名捍衛鄉里。大將軍福康安克復諸羅那一役，他因支援攻戰得到嘉獎。也因為諸羅官兵民勇的堅忍，居然在林爽文天

•「諸羅」指的是今日的嘉義。

地會黨徒圍攻六個月，幾乎是彈盡糧絕仍未投降，朝廷才將諸羅賜名為「嘉義」啊！林爽文亂平，王得祿賞戴花翎，以千總實缺晉用，這一戰算是他軍旅生涯正式展開的一役。

那一年，他大概才二十歲。長官讚賞他認真負責，非常賞識他。王得祿想到這兒，忍不住微微笑。他記得有名長官說的話：「王得祿，你好像天生為人打抱不平，將來不是大將就是大寇！」的確，他一想到有無辜的人民受苦，就恨不得立刻挺身而出，為人民解除痛苦。

如果平林爽文算自己的第一仗，乾隆六十年（西元一七九五年），天地會黨人陳周全在台作亂，他隨閩浙總督伍拉納入台，算是第二仗。當時陳周全企圖聯合天地會的

・當時人們乘坐的竹筏。

・督標右營：各省總督所管轄的綠營兵就是督標。

餘黨，王得祿補督標右營，那一仗使他作戰的經驗更豐富，同時他也被列為剿匪有功人員之一。

讓他耗掉最多心力的一仗，該是與海盜蔡牽、朱濆的對決。那時是嘉慶初年，他才過三十歲。王得祿發現蔡牽是個很聰明的人，而且耐性十足。蔡牽時常隨船四處出沒，隨時窺視想獵捕的獵物，胸有成竹，又能聰明的聯合統禦陸地上的山賊，實在不可多得的人才，只可惜走偏了方向。要不是到了嘉慶十一年（西元一八〇六年），蔡牽走錯了一步棋，這一戰恐怕不只打了十年呢！那時，蔡牽自作聰明的沈舟阻隔海路。王得祿靈機一動，以小舟駛入作戰。利用風勢擲火罐燒毀將近兩成的賊船。這個神來之筆，讓蔡牽不得不駐在洲仔尾。官兵才有機會以強大火力突擊，讓蔡牽狼狽逃走。

海寇蔡牽在這次挫敗以後，雖然力圖振作，但終究大勢已去。王得祿雖然認為蔡牽是個人才，但一想到他害浙江提督李長庚慘死黑水溝，就覺得蔡匪罪不可逭。所以，當李長庚這位教會王得祿許多事的提督戰死，王得祿詔任浙江提督，在緝捕海寇的任務上，有更強烈「為李提督雪恨」的念頭在激勵自己。平了蔡牽，他詔封二等子爵，賞戴雙眼花翎。這一段海上征討的時間，幾乎快十年。他對海上作戰的熟悉，使得朝廷每當海面不靖，就會想到他。訓練水師，也會請他提供意見。畢竟他的經驗豐富，不是紙上談兵。

嘉慶十八年（西元一八一三年），福建巡撫張師誠上

●二等子爵、巡撫：皇帝賜給立下卓越功勞的官員五種爵位，分別是公爵、侯爵、伯爵、子爵、男爵。巡撫就是負責省或數省行政的最高首長。

疏：「台灣的鹿耳門、鹿港兩處，港內暗沙多，須淺水船隻才能守禦。」這種船隻和往返大洋的船不同，張師誠推荐王得祿設計船隻。根據這些年的觀察，王得祿花了好些時間，繪成圖形上呈。他設計的守港八槳快船，行動靈活，能快速靠近別的船隻，增加了海上巡邏的威力。朝廷也聽從他的請求，撥給鹿耳門十六艘，鹿港、八里坌各八艘。畢生戎馬的他，居然也設計起戰船，他還有什麼好遺憾的。

想著想著，居然東方露白。年少失恃的他，是由長兄長嫂撫養長大。由於他的英勇作戰有功國家，長嫂被追封一品夫人，長兄也追贈振威將軍，他算得上不辱先人了。這次他又要重回沙場，他認為自己一定也可以全身而回，

・八里坌即今天的淡水、八里。

王得祿在這次駐防任務，薨於防次。享年七十二，追贈伯爵，加太子太師銜，謚果毅，賜祭。

•王得祿因爲作戰有功，受詔封爲太子太保頭銜，所居住的諸羅溝尾莊，因而改名爲太保村，即現今的嘉義縣太保鄉的太保村。

•王得祿墓前的石像。

賣鹽致富的林平侯

懂得經營之道的林平侯，從賣米到經辦全台塩務，甚至到兩岸帆船商務，都辦得有聲有色，他就是後來「林本源」商號，近代聞名的板橋林家的開端。

米商鄭谷家，正有許多圍觀的人。已經是大富人的林平侯，要奉還數千金的本利，來報答鄭谷當年對他的栽培，可是鄭谷堅持不接受，兩家人就這麼僵持著。有人心想，怎麼有這麼笨的人，憑空掉下來的財富，錦上添花也好，為什麼不接受？也有人認為林平侯太傻，鄭家富裕不缺錢，何必一定要送還當年別人餽贈的款項？還不趕快順水推舟收回，等一下鄭家反悔就來不及了。

林平侯急得眼都紅了，他雙膝跪下，很誠懇的說：「鄭老闆，十多年前，我隨父親從福建漳州龍溪來台，什麼都沒有。父親教幾個學生，日子很難維持，就送我來您家幫傭。您待我和善不說，幾年前又鼓勵我自立門戶，還送我一千兩銀助我開業，這樣的恩情，我怎能不報！因為您，我才能把母親接來，一家人團聚。這次也是奉母親之命，她年紀大不能親自前來，再三叮嚀我，要我好好謝謝您這位大恩人。現在您這樣……不是叫我回去難以交代嗎！」林平侯說得很誠心，在回想到從前艱苦日子時，仍然相當感傷。

鄭谷並不是貪財的人，當時他真的只是欣賞這個工作認真，做事勤快的小夥子。那時，林平侯不但對每位顧客都非常親切，也會很仔細的把顧客買的米稱得斤兩足，繫好米袋封口，好好的交到顧客手上。最令他感動的是，林平侯的記性好，誰家來買過米他都記得；等下次那位客人來，林平侯就能稱好對方要的種類及重量。這麼用心的夥計，讓他的生意更好。基於愛才的心，當他聽說林平侯存了數百金，他主動送千金，讓平侯到另一個地區開業。果然，他沒有看錯人。精於計算、買賣的林平侯，很能掌握經營的祕訣，很快的賺了大錢。雖然林平侯想連本帶利的還他，但鄭谷不覺得自己需要這麼一大筆錢啊！

圍觀的人在想，林平侯要怎麼解決這樣的問題呢？該不會因拉不下臉而惱怒吧？平侯歎了一口氣，他也知道鄭

・直到民國六十年左右，台灣許多地區仍以「斗」為米的計量方式，而不是公斤或斤。

恩人的意思，臨財毋苟得，何況鄭家真的不缺錢。他徵詢恩人意見：「鄭先生，我將這筆錢在芎蕉腳莊置產，只將歲收租息送您，其他的，我再想辦法用在更有用的地方，您說好嗎？」每年的租息數目不多，鄭谷欣然接受。鄭谷對平侯不求回報的信任賞識，給林平侯很深的影響。

經營米店讓平侯賺了大錢，他有能力與竹塹的林紹賢合辦全台鹽務。別小看不起眼的鹽，在明末才有永曆年的參軍陳永華教民晒鹽，不然台灣的鹽都得從大陸取得。雍正四年（西元一七二六年）以前，官府只跟鹽戶收鹽埕餉，這年以後，為了避免價格哄抬，也為了增加稅收，鹽務改為台灣知府專賣。

像平侯這樣的鹽商，在購得官鹽後，再自由販賣。標

•參軍：軍隊中處理專門事務的參謀。

•竹塹即現今的新竹。

•納粟捐官，即以錢買官位，官位的高低由錢的多寡來決定，因此衍生出許多無能力者當官的腐敗現象。

•通判：輔佐地方首長處理軍政與行政的事物。

購官鹽需要雄厚的財力，不是一般小商人有能力承擔的。既然訂為專賣事業，民間私售就成了違法。在這個制度下，平侯很快的賺了更多的錢。另外他頭腦靈活，能充分調度資金，購買大帆船，經營兩岸的貨物運送買賣。他懂得貨物流通的道理，把甲地、乙地需要的東西都調查清楚，每次出海都能買低賣高，不久就累積了數十萬，是一時的豪富。無論是鹽務的興辦或是往返台灣與華南、華北帆船的業務，都經營得有聲有色。

林平侯和一般的讀書人一樣，覺得自己該有官職才算榮耀先人。於是在四十歲那一年，也納粟捐個同知，並且真的上任。他先是分發到廣西，署潯州通判，後來調任桂林同知，署柳州府。林平侯也是讀過書的人，他的才幹很得上司的重視，卻引得一些平凡之輩的嫉妒。

嘉慶十九年（西元一八一四年），林平侯忽然接到兩廣督師大學士蔣攸銛的命令，要他解釋自己的疏失。平侯不明所指，直到面見蔣攸銛才知道，有人暗中捏報他辦事不力，中飽私囊，種種不堪、虛構的短處！林平侯在見到大學士後，談起政事，中肯切實。也能辯解謠言，讓蔣攸銛立刻相信林平侯的清白，也相當賞識他辦事治理的才能。雖然這次小人作弄沒讓平侯吃虧，但他的內心已有倦意，不適應於官場的暗中計較。一向誠信經商的他，隔不久就稱病辭官，回到台灣。

回到台灣的林平侯，已接近五十歲，財富對於他，已不再那麼重要。他開始想到要回餽給鄉里。

嘉慶元年，漳州人吳沙核准進入噶瑪蘭開墾，很多人也想前去，但道路不便，行船又危險。林平侯就捐款興築三貂嶺路，讓淡水、新莊通往噶瑪蘭的路暢行無阻。當時，淡水地區閩、粵，泉、漳械鬥激烈，有時會蔓延好幾個村落。得到鄉里敬重的林平侯，常出面協調。

身為漳州人的林平侯，有時也覺得自己在新莊泉州人處有些芥蒂，於是將產業遷往大嵙崁。在那兒，未開墾的地多，又是漢人與原住民交界處，山地資源可以就近取得，船隻嵙可以停泊，兩族爭鬥的情形也還沒產生。林平侯在那兒，領著族人開闢田地，引水鑿圳，歲入穀達萬石以上。道光十二年（西元一八三二年）嘉義張丙起事，林平侯也助官餉兩萬兩討伐亂賊，他對地方是能出力就儘量

•大嵙崁即今日的桃園縣大溪鎮。

支援。

最讓故鄉族人感恩的，是他仿范仲淹「義倉」的做法，也置良田數百甲，將所得都捐出。當時交通不便，發生饑荒時接濟不易，義倉的設置是安定民心的表現。他也倡修淡水文廟和府城的海東書院，對故鄉後輩的教育用心，對文教總是一派熱心。

林平侯活得高壽，到晚年他雖然不親自掌理事業，對故鄉事仍是很惦念。除了台灣的產業外，他也送些回到龍

清時有一府二鹿三艋舺，這些地方因爲靠海、及河川運輸方便帶動商業生機，所以成爲熱鬧的市集。

•當年船隻是重要的交通工具。艋舺、新莊、大溪之間，可以通航。

•台南海東書院。

溪老家。得到他幫助的人，也想到有朝一日要回報。但林平侯心裡仍是暖暖的，想著從前提拔自己的鄭谷先生。這些年，讓他為鄉里做那麼多事的力量，也許正是鄭先生默默影響的吧！林平侯勉勵那些道謝的年輕人，彷彿從他們眼中看到了年輕的自己。

板橋林家族譜

- 應寅（渡台始祖）—平侯—
  - 國棟
  - 國仁
  - 國華
    - 維讓
    - 維源（出嗣國芳）
  - 國英
  - 國芳—維得—（國芳養子）

客家進士黃驤雲

客家人所處的地理環境大多爲貧脊之地，特別重視教育以增加子弟生存競爭的能力，黃驤雲就是其中之一。清朝時期，鄭用錫、黃驤雲、蔡廷蘭三人爲台灣「第一進士」。

教書的郭先生在半路上遇到守營把總黃清泰，很高興的說：「淡川先生，你那兒子聰明極了，叫他背書他可以舉一反三，我看這孩子將來不得了。」

淡川是黃清泰的字，前些日子，他才去懇請鰲峰書院的院長，破格收他那才滿四歲的兒子黃驤雲。原本這裡是不收幼年生的，幸好在院長問話時，驤雲表現得還算應對

• 守營把總：軍隊中專門管理管區警衛安全的下級武官。

• 鰲峰書院位於廈門內。

得體，才得到入學的機會。沒想到年紀最小的黃驤雲，竟然在官課時考個第三，難怪郭先生要讚揚他了。

聽到別人誇獎自己的孩子，黃清泰縱使心中有幾分自豪，也是不敢形之於外，他把功勞歸於老師：「郭先生，要謝謝你，其實驤雲在家時皮得很，只有上書院時才定得下心。真希望這孩子再更努力些！」

「會的，會的。得天下英才而教之，一樂也！黃先生，我先走了！」郭先生走遠，那爽朗的笑聲還迴盪在空中。黃清泰也忍不住加快腳步，想回家把驤雲抱在懷裡，他讓做父親的多有面子啊！黃清泰和一般的父母一樣，把許多期望都寄託在孩子身上。他自己雖然也是個讀書人，但年少習武，這個把總的小官，還是乾隆年間，募勇平定

・來台的客家人刻苦耐勞、勤於耕讀。清代，鳳山縣出過六名進士，其中四個是客家人。

林爽文之亂而得來的。他原居鳳山，來到福州當官，幾個孩子都是客居他鄉時生下的。清泰很希望孩子能當個真正的讀書人，飽讀詩書，經世致用，這樣才不辱先人啊！

對年幼的黃驤雲來說，讀書雖然可以讓自己得到讚美，卻不是一件容易的事。拿每天早上要起床背書，他就要父親再三催促才起得來。在晨光中先背上一段書，再吃早餐。有好幾次，他嘟著嘴使性子：「姊姊都可以不用背書，為什麼我要背……」黃清泰又好氣又好笑，畢竟驤雲還是個孩子啊！他好脾氣的說：「你姊姊只是沒上學堂而已，還是照樣得讀書啊！而且她整天忙著家務，不比你輕鬆呢！」清泰對兒女一樣疼愛，女兒的教育他也留意著，只是沒讓女兒上學罷了！況且那時女孩家也不興讀什麼

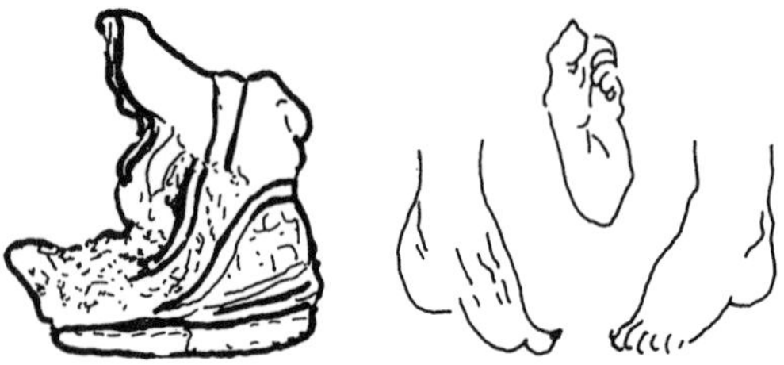

・清代，閩南籍的婦女多纏足，客家女孩卻沒有，因此能下田耕種。

書，只要懂得理家種田就成。清泰把教女兒的工作，全權交給妻子。他知道以妻子的賢惠，女兒一定是能幹又勤勞的。一般人對女子，都期望她有「家頭教尾」的理家智慧，「田頭地尾」的農事技巧，「灶頭鍋尾」的烹膳才能，「針頭線尾」的女紅手藝。這些女孩該學會的，黃清泰一樣也沒放鬆。聽父親安慰後，黃驤雲大都能克制偷懶的心態，趕快起來讀書。他也知道家中沒有大片良田，也沒有豐厚的祖產，要好好讀書，求個功名，才有出頭的一天。

嘉慶十一年（西元一八〇六年），黃清泰被調任竹塹守備，署艋舺都司。聽到自己能回到台灣，他心裡感到特別踏實。不過，驤雲的課業未成，回到台灣是不是也能找到好老師和合適的書院呢？幾經考慮，他決定把兒子留在鰲峰書院繼續讀書，等學業告一段落再接回台灣。

黃驤雲在鰲峰書院一讀讀了十年，文思通達，也很有見地。幼年時特別聰穎的他，慢慢長大後，發現做學問光靠聰明是沒用的，還是要一步一步來，他常挑燈夜讀，在書海中怡然自得。每隔一陣子，就有同窗要去赴考。這種考試，像一層層越來越陡的階梯，一決定要開始攀登，中途就不能停止。不然，像許多白髮秀才，一生都在為考試努力，別人也是幫不了忙的。

讀書、考試、考試、讀書，這段路有多長呢？每三年的歲試，考生童學業，錄取的叫秀才。中了秀才，可以進府州的縣學，享受公費，叫生員。從生員開始，有一連串的考試要面臨。先是各省每三年舉辦的鄉試，考四書經義及詩、策問等，中試的生員稱作「舉人」。生員中品學兼優的，可以被推荐到北京，升入太學。京城裡也每三年舉辦一次考試，通過的稱貢士。貢士可以參加皇帝主持的殿試，分三甲錄取，一甲三名，賜進士及第。第一名是狀元，第二名叫榜眼，第三名是探花。二甲三甲各若干名，都會委派官職。也有人參加每三年一次的「歲貢」，或是每十二年一次的「拔貢」，或是國有慶典時的「恩貢」，以求謀得一官半職。從中了秀才後，不能中輟考試，否則要受罰的。考場上常可以看到父子甚至祖孫同場應試，每三年一次的考試，苦讀經書的考生，十年寒窗也不敢放棄。

驤雲在二十九歲時，中了舉人。道光九年（西元一八二九年）他參加殿試，正等待放榜時，忽然有鑼鼓報喜，原來他中了進士，對於讀書人來說，這是最終的目的。中了進士的驤雲，先是進入工部，也曾校試考生，他的作為很得鄉親的看重。閩粵莊民發生械鬥，牽連多人，他往來奔走，勸諭鄉親，只求傷亡減少。後來，他補都水司主事，又升營繕司員外郎。

・黃驤雲爲台灣客家籍的第一位進士。

・當時的台灣縣是指現在台南一帶。

驤雲是台灣縣最早出現的進士，在他之前（西元一八二九年）各地出有進士的，有嘉義縣的王克捷（一七五七年），鳳山縣的莊文進（一七六六年），淡水廳的鄭用錫（一八二三年），彰化縣的曾維楨（一八二六年）。這些苦讀成名的讀書人，是當時千千萬萬讀書人仿效的對象。

至誠禱雨的林春娘

守貞節又孝順的女子，在舊時社會備受尊敬。大家都認爲，這麼有修養的人，即使是蒼天也要敬她三分。林春娘三度禱雨成功，雖然純屬巧合，但正反映了當時對女子婦德的期許。

初夏，風和日麗，原本是村民最輕鬆的時候。往年差不多立夏以後，村中的小孩就會相約到河邊戲水。但今年三月起有戴潮春叛亂，大人們就諄諄告誡小孩，沒什麼事千萬別走出莊外，誰曉得那些惡形惡狀的武夫，會對小孩做出什麼事。兵亂是沒人喜歡的，村民的心，從沒偏向哪一方，只求趕快恢復寧靜的生活。但是大甲這個地方，地

•林占梅原是新竹市的富豪，很會吟詩作詞。後來，參與平定林爽文事變，證明他文武雙全的能力。是當時有名的人物。

形險要，掌握著溪流的要塞，是兵家必爭之地。

淡水大甲中莊的王和尚，一聽戴潮春拿下了彰化，立刻起兵響應，並得到潮春將領馬泉的援助。淡水巨室林占梅，不忍心自己家鄉受到迫害，促請朝廷派員防禦。當時候補通判張世英兼任淡水廳篆，林占梅出資請世英訓練鄉勇，並在城中設保安局。兩方的陣勢一擺開，村民的生活更苦。

軍隊駐紮，造成了許多不便，戰亂的陰影近得揮不去。保安局的鄉勇，一向紀律良好，每天和村民一同到大圳提水食用，從不仗著軍威搶先。同治元年五月六日，居民發現村裡唯一的水道，水深只剩原來的十分之一，連水都汲不起來。

「這怎麼辦！我們就只有這條水道啊！一定是王和尚派人斷了水道，想逼鄉勇不戰而降啊！」村民憂心忡忡。這兒的人都知道，想得到水源，就得走出城外。城門一開，王和尚的軍隊也可以乘虛而入，到時候鄉勇為居民捍衛家園的苦心，就全白費了。

有個常出城做買賣的曾先生，神祕兮兮的說：「我知道有個出城的小道，一定可以避開王和尚那批人，我們不如趕快到別的地方投靠親友吧！這裡遲早要出大亂子。」他一說完，立刻有許多人大表贊同，約好收拾貴重的東西後，就準備在村南的大樹下會合。

傍晚時分，這批人垂頭喪氣的回來。那條小道，雖然被密林擋著，但他們居高臨下一看，就已經看見好幾個王

•婦人操作絲車牀。

農民工作圖

和尚的兵，想必走不了幾步就會被抓走，到時候說不定還要損失掉所有的財產呢！他們想了想，還是決定待在城裡，至少暫時是安全的。

「沒關係，我家有口井，大家省著點，也許就夠用了。」李家的井是村裡唯一的井，平時水源充足，除非是富有的人家，不然誰也沒能力掘一口井。李家的善意卻不是長久之計，水不足，日子還是不能過。村裡的老人家說：「我們請春娘來禱雨吧！」他這麼一提，村民又燃起了希望，春娘是村人尊敬的長者，今年已經八十三歲了。

春娘姓林，是本地人。種田的父親在她小時候，就把她送到余家當童養媳。長她五歲的榮長哥哥，就是後來的丈夫。春娘伶巧聰明，余家人都很疼愛她。榮長的志向是

出嫁的行列。

當個成功的商人，當時最大的商城在鹿港，榮長就常往返大甲鹿港間。每回出遠門，他都會請春娘好好照顧父母，春娘年紀越大，越是捨不得榮長出遠門。余家決定等榮長滿二十歲，行過成年禮，就讓他們成親。春娘十二歲生日前一個月，榮長又要出遠門，他問：「春娘妹妹，你想要什麼樣的衣服或飾品嗎？」不知怎麼搞的，這次春娘心特別不安，好像有預感似的。果然，不多久消息傳回來，榮長在往鹿港的海上翻船溺死。當時春娘才十二歲啊！

余家頓時陷入愁雲，長榮夭死，父親承受不了，也悲傷而死，剩下母親，整天哭泣，都不肯吃飯。春娘雖然難過，卻強打起精神，安慰母親：「媽，我和長榮哥哥雖然還沒成婚，但我願意終身服事您，我生是余家人，死是余

當時人們使用的半邊井

家鬼……請您吃東西吧！爸爸和長榮，一定不願意看您傷了身體……」春娘的誠心，感動了母親，母親終於肯進食，身體也恢復了健康。後來母親也鼓勵春娘接受別人的追求，春娘心如古井，絲毫不動心。

母親年老時得了眼病，春娘用舌頭舔去眼翳，焚香禱告，使得連醫生都束手無策的眼病奇蹟似的好了。當時村人就認為，一定是春娘堅貞的情操，感人的孝心，所以連老天爺都被她打動了。母親的眼病才好，又患了莫名的拘攣症，常會全身僵硬，動彈不得。春娘就日夜看守在床前，母親要她去休息，她聽話的回到自己床前，但仍是每隔幾分鐘就起來到母親跟前察看。母親臨死時，很感歎的說：「有這樣賢惠的媳婦，兒子早去也沒什麼遺憾了！」

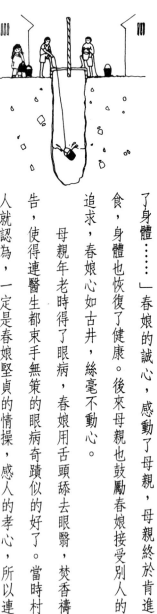

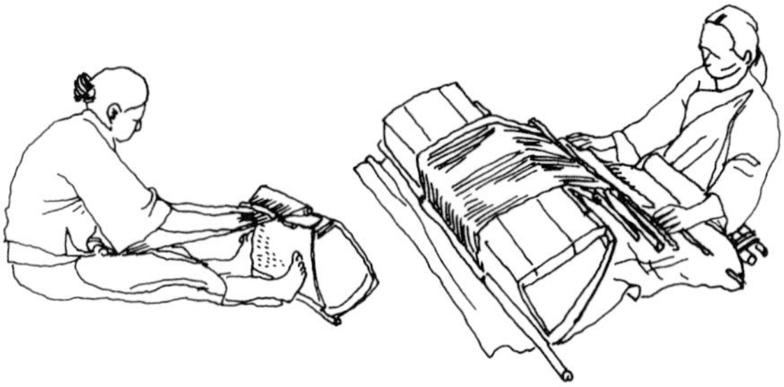

泰雅族婦女織布

春娘有一手紡織好手藝，她日夜紡織，獨方支撐家庭。族人送她一個孩子，這個孩子身體底子不好，一個寒冬傷寒就病死了。族人敬佩她的精神，又為她找了一個孩子繼承余家的香火。春娘含辛茹苦，一直拉拔到這個孩子娶了媳婦。她熬了婆，卻沒有半點婆婆的架子。從來不曾疾言厲色的對待晚輩，事事都為別人著想。兒子不久後也因病早夭，春娘安慰媳婦，也分擔了撫育幼孫的工作。道光十三年，朝廷還特地下旨表揚她。

正因為春娘是這麼的仁厚誠孝，平時村人有什麼糾紛，都會想到要她來評斷。只要春娘一番話說理，常能調解許多恩怨。村裡的人家教導女兒，都以春娘的精神當榜樣。期勉女兒要能吃得了苦，嫁出後就要當個孝順的媳婦，才能討得夫家的歡心，娘家也有足夠的面子。現在村裡面臨缺水，春娘是最佳的祈雨人選。

春娘在大家的注視，焚香禱告。眼看著天邊聚起烏雲，漸漸逼近，大雨隨著眾人的驚歎而落下，缺水的問題解決了。二十一日，林和尚的軍隊，把城外密密的繞三圈，再次斷了水路，村人又請求春娘。春娘禱雨時，起了一陣大風，風助長了城牆外的火苗，和尚的軍隊受了驚嚇，被開門出擊的鄉勇擊敗。這時大雨落下，眾人歡呼。戰亂一直延到十一月，村民賴以維生的水道又被切斷了。二十六日，春娘三度禱雨，甘霖普降，振奮了士氣，鄉勇終於擊敗了王和尚的軍隊，村裡也恢復了從前的繁榮安樂。

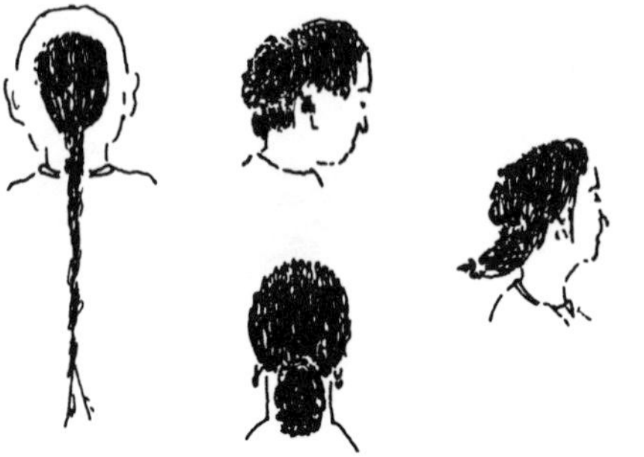

清代髮式。

春娘三度禱雨的事情充滿了傳奇，這或許是偶然，但也達成了村民的期望，引領村人更具信心對抗動亂，村人把她看待像神一樣。這個事件過了三年後，春娘含笑而死，享年八十六歲。她雖然死了，但一直到很多年後，她的孝心和傳奇性的故事，仍然是大家津津樂道的。

・林春娘孝坊，位於台中大甲。

開荒闢野金廣福

竹塹多山，在開墾時要克服更多的難題。西元一八三四年由官方召集，客籍姜秀鑾和閩籍周邦正合資開墾的金廣福，帶動了竹塹地帶的繁榮。

●西元一八三四年，金廣福以新竹北埔爲基地，建辦事處，稱「金廣福公館」。

淡水同知李嗣業，對於來自竹塹的報告，不禁眉頭深鎖。報告上說，零星的墾戶入山後失蹤，已經發生第五起了，請官府盡力協助。

竹塹一區，在康熙、雍正、乾隆三代，已逐漸開墾了南北兩區，現在正要向東南山區開墾。山區群山起伏，林深草莽，又靠近番境。原住民生活習性和這些外來移民不同，常發生困擾。輕的損失財物、破壞農田，重的可能連性命都難保。雖然朝廷有設幾個隘口，駐紮了兵力，約束了原住民的舉動，但力量太小，難以顧得周全，各地還是常發生動亂。

李嗣業實在不曉得該怎麼做，道光六年（西元一八二六年），朝廷已在東南山區設一座石碎崙隘，但墾戶的身家財產還是沒能保護得好。原住民中，有錢、朱、夏三族勢力最強，也最凶殘。錢族在中興莊，朱族居北埔，夏族住社寮坑，大大小小有三十餘社，人數兩百多人。他們體格強健，又熟悉地形，近郊的墾戶常遭殃。這些擾民的原住民，行動完成則竄入深山，連官兵也不敢貿然入山征討，他們的氣焰也越來越盛。

•竹塹即現今的新竹。

・清移民入台開墾，須向官府申領墾照。要是多人聯合申請開墾，以其中一人爲首，稱爲墾首。

有軍師獻計，地廣民稀，才會讓原住民有機可乘，不如招募一批墾戶到竹塹東南山地，既能擴大版圖，又可收地方寧靖之效。「最好讓當地墾戶做這件事。」軍師不贊成毫無地緣關係的外地人來做，畢竟竹塹地區的地理、環境相當特殊。

「嗯！那請姜秀鑾、周邦正來好了！」李嗣業做了決定。

姜秀鑾，廣東人；周邦正，福建人，兩人都是當時竹塹的大墾首。雖然生活不虞匱乏，但聽了官府的解釋，對開墾東南境也很有興趣。他們各自募集同鄉，各集資本一萬兩千六百圓，先整治農畝，再設置隘寮，所墾的地區，就叫金廣福。「金」指的是銜官令而設的，不是平常墾區可用的名號。「廣」、「福」二字，分別代表來自廣東和福建兩區的墾戶。當時來自不同省分的居民，能放棄成見共同合作，這件事已經有了好的開始。

竹塹東南全是山地，只在圓山仔、金山面、大崎、雙坑、茄苳、湖南　、鹽水港、石碎崙有隘口。姜、周接下開墾工作，這些隘口，官府每年給千金，委託他們代管。他們從樹圮林入北埔，察看地勢，連原先的隘口在內，一口氣設了四十個隘口，也部署了共兩百名丁壯，佃人就各自分配開墾的區域。

佃人是非常刻苦的，入夜後視線不佳，又有蚊蟲或是蛇獸侵擊。他們每天很早就起來，馬上下田整地。每當一塊地犁好，趕緊種上農作物，幾年間，他們的勤勞已經墾

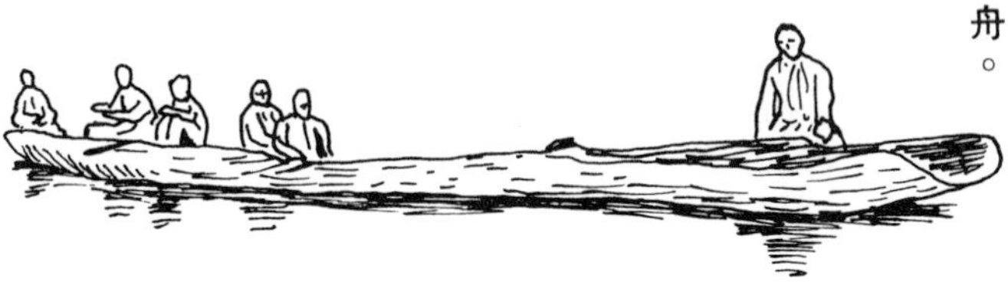

•獨木舟。

了包含北埔、南埔、番婆坑、四寮坪、陰影窩等地數千甲農田。雖然原住民偶爾會來偷襲，但他們還是堅守崗位。這點在原住民眼中，十分不是滋味。

「漢人這樣勤奮，一定會占據了我們的家園。」在四周窺伺的原住民，不禁憂心忡忡。

道光十七年（西元一八三七年）冬天，金廣福的居民和往常一樣天色暗了就入睡，不曉得為什麼，這夜風號叫得特別淒厲。耳朵較靈敏的王松年問旁邊的夥伴：「是不是有什麼在走動呢？」

「不是吧！不是野獸就是風吹動草葉，別想這麼多，趕快睡吧！明天還是幹活呢！」旁邊的人翻個身又睡著。

王松年仍然豎著耳朵，被一種緊張的氣氛嚇得睡不著。他

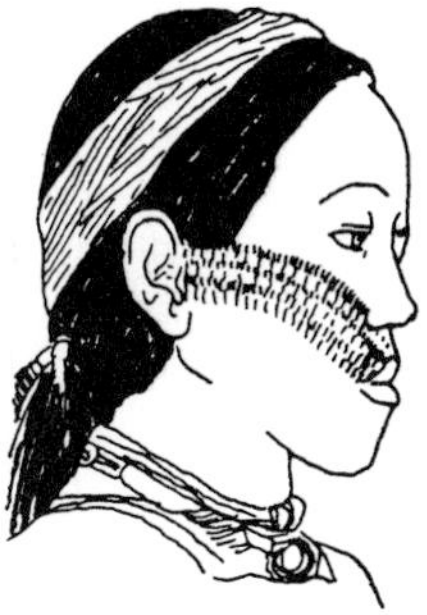

‧黥面的原住民。

心裡想著，明天該掘道渠引水過來，這樣新闢的田就可以開始耕種了……。忽然，鑼鼓喧鬧，擔任守衛的丁壯發現大批來襲的原住民，通知佃戶起來應戰。王松年往外看，不知什麼時候，大批的火把圍繞；附近大撈社的原住民大舉來侵，他們在麻布樹排激戰。

用桿子、木棒、火藥等簡單的武器，在黑暗中，王松年盡力安撫自己的害怕。社裡的佃戶都起來了，天氣寒冷，但對來襲的敵人卻沒半點影響。

「松年，你跑得快，立刻去北埔請救兵。」平時松年就是「飛毛腿」，但要在黑暗中走山路到北埔，這還是頭一次。為了社中佃戶的安全，他拔腿就跑。在崎嶇山路上他一不小心摔了一跤，連滾帶跑的，奔到北埔。北埔是個

・姜秀鑾的故居位於現在的新竹縣芎林鄉，就在車站的後面。

人數較多的墾區，姜秀鑾駐在那兒。聽到警報，馬上率壯丁前來援救，有了救兵，原住民才被擊退。這一戰，算一算佃農死了四十餘人！姜又率丁勇與原住民戰於番婆坑、中興莊等處，大小戰役十數次。原住民雖然覬覦漢人耕種的成果，也不能得逞。淡水同知頒給姜、周二人「金廣福鐵印」，讓他們拓地撫番，統率隘勇上的權責，比守備還高。

姜、周兩人，更是募股召佃，逐步擴大金廣福的地盤。不僅他們成了巨富，竹塹這塊沃野的田野，也開始邁向另一個境界。

黃祈英慷慨救鄉親

閩客間的衝突，是來台先民的悲歌。因地域和語言的不同常引發許多誤會，進而擴大成械鬥，常是兩敗俱傷。

一陣急劇的敲門聲，夾雜著哀號，驚醒了南庄的黃祈英。黃祈英眉頭深鎖，聽這幾位客家鄉親的哭訴。道光六年（西元一八二六年）四月，彰化縣閩粵分類械鬥，相互仇視的敵意，蔓延到大甲溪以北，客家人少，節節敗退，仇殺的慘事讓人心驚。這幾位田寮人，幾乎是殺出一條血路才衝得出來。

•由於清代渡台的禁令，使得移民無法攜眷來台，造成許多人討不到老婆，而引發叛亂、械鬥的情況。

・孫中山先生說過，中國人對於家族和宗族的團結力特別大，可以為了保護宗族而犧牲自已的性命，這是閩、粵械鬥的原因之一。

「你們為什麼這麼狼狽呢？報官不是很好嗎？雙方死傷互見，怎能善了！」黃祈英憂心忡忡。

「我們根本不是好鬥啊！彰化嘉義的賊匪焚燒粵庄，又揚言要滅絕客家人。當時中港街頭有幾個無賴，想乘機鬧事，就聯合匪黨，打著漳泉兄弟的旗幟，連續三日攻打粵庄。他們焚燒屋舍、傷人搶劫，弄得人心惶惶。等到這批暴民來到田寮庄，我們才不得不全力奮戰。誰曉得我們這樣自保的行為，竟然有可怕的惡果。」說的人捶心頓首，欲哭無淚。接下來發生的事，黃祈英都聽說了。漳泉族人誓言報仇，紛紛起兵。只是幾天之內，七十幾個粵庄被毀，生命財產的損失不計其數。

「報官？閩人報得比我們還快呢！大的鄉鎮都是閩人

•閩、粵械鬥的第二個原因：清代渡台的禁令，使得渡台的男子在思鄉之餘，喜歡和口音相同的人聚在一起，因此對於口音不同的人就相互排斥。

居住，他們當官的人也我們多得多。當官府查時，指證的人也是閩人。他們可以把被焚的粵庄指為閩庄，被殺的粵人說成閩人。我們都處在偏遠的山角落，想赴官府告一狀，真是路遙遙啊！請支援我們吧！不要讓閩人老是騎在我們頭上！」

黃祈英還不知道該不該出力，他在山裡，有妻有子，又受到賽夏族人的信任，他不想放棄這一切。二十年前，他從嘉應州來台，到「對換所」找工作。當時在平地漢人與山地原住民間，設有關卡，並有「對換所」辦理漢人與原住民的物產交易。原住民把剩下的鹿脯、鹿皮、黃蠟等山產，交換漢人運來的布、鹽、瓷器、鐵器。黃祈英到一位閩籍張姓頭家主持的「對換所」工作。

・第三個原因：移民來台的人多具有強悍、好勇的精神，因此遇到不合理的事情，就想用武力解決。

閩籍和粵籍的居民，在移墾內山時，為了防禦土著的襲擊，為了互相幫助照料，大都會和語言相同的族人聚居在一起，已經有微妙的利害關係。在閩人老闆底下工作不怕嗎？黃祈英拍拍胸脯：「我又沒墾荒爭地，閩人或粵人的頭家，不會對我怎樣吧！」

黃祈英天真的想著。這個對換所主要是漢人和賽夏族間的易物中心，黃祈英豪爽仁厚，賽夏族人非常信任他，叫他「斗阿乃」，把他看成「同年」的朋友。

賽夏族人好喝酒，黃祈英大方的先墊付，到年底再結算，好幾年來相安無事。但是有一年，接近年底時，張姓老闆來對換所查帳，發現虧空了很多，不問理由就將黃祈英毒打一頓，並把他趕出對換所。黃祈英雖然覺得頭家做得太絕，但自己做錯在先，自知理虧。幸好賽夏族的友人將身負重傷的他馱回社內養傷，黃祈英在友善的照料下，身體及心理的創傷，漸漸復元。這時的黃祈英，喜歡人家叫他黃斗乃。

田寮庄的鄉親被安置在舒適的客房，黃祈英想起這段往事，仍然感慨萬分。「還在傷腦筋嗎？」一個溫柔的聲音響起，是黃祈英的妻子。「嗯！二十年前的憾事，今天又要重演，如果插手，可能很難全身而退！」當年黃祈英到賽夏族部落避禍，掌管銅鑼圈的總頭目樟加禮把獨生女嫁給他。也許有這層通婚的關係吧！黃祈英毫無私心的教賽夏族青年學習武藝，又教他們怎樣依時序種植農作物，使得他們的收穫比平時多了一倍。賽夏族各社，懂得開墾

•傳說，賽夏族人消滅了殘暴的矮黑人，但又擔心他們回來報復，於是每兩年舉辦一次矮靈祭。這個習俗沿襲至今。

的要訣，墾土增廣，人數增多，從原來的三十六社增至七十二社。「好歹那些都是客家鄉親啊！當初你被迫逃入山中為的是什麼？又為了什麼進入南庄開墾？這不是你雪恥的好機會嗎？」賽夏族的勇士才能當總頭目，總頭目的女兒，骨子裡也是流著剛烈的血液。

娶了樟加禮的女兒，又全力促進賽夏族的進步，黃祈英在嘉慶十六年（西元一八一一年）回內地受原鄉族人的邀請，主持客家人墾中港溪流域的計畫。樟加禮給客家人腰牌，入山後可以得到安全的保障，從三灣荒埔，一直到南庄。彰化人張大滿、蔡細滿等人，也和賽夏族通婚，逐步開拓其他地區。客家人入山得到這麼大的便利，不免使得閩籍人眼紅。「我認為你應該挺身而出，不能讓族人老是受人欺負！」黃祈英的妻子果決的跟他說：「即使戰到只剩一兵一卒，賽夏族人也是不退縮的！」

有了妻子的支持，黃祈英率賽夏族的勇士夜襲中港土城，那裡正有大批閩人聚集。城內的閩人不甘示弱，一面攻擊鄰近的客家莊，一面向淡防分府報告，說黃祈英「煽土番」想叛變。黃祈英越打越往山中，發現閩人報官想借官方的力量壓制自己，他來不及求救兵，只好一直向賽夏族的山區逃逸。追捕的將領跟著入山，黃祈英再往裡頭，逃到偏遠的後山。參將黃其漢看賽夏勇士及粵人將要消失，靈機一動，要兵士攀附藤葛跟著追上去。一開始就知道凶多吉少的黃祈英，看到許多賽夏勇士都被槍殺，只好束手就擒，並眼睜睜的看著官府沒收番刀鏢鎗，拆毀族人

•當時，台灣械鬥的現象很嚴重，本來只是漳州、泉州人之間的械鬥，繼而演變成泉州人分縣械鬥、宗姓間的械鬥。最後，甚至有因爲使用樂器的不同，而發生械鬥。

‧持洋槍的清兵。

建的寮舍。黃祈英不後悔，但還是流下了眼淚。

這次閩粵衝突，又牽涉了賽夏族人，官府處理起來十分費事。照官府的報告，粵人是「勾串番割率領生番出山助鬥」，但陸續有許多客家人陳情，似乎顯示事情不是那麼一回事。最後，在中港頭份庄客家進士黃驤雲的奔走求情下，參加械鬥的客家領導人二十五位，本來被判極刑處死，改成流放新疆。被認為「煽動番亂」的黃祈英，沒能逃得過，成了這一陣子，閩粵械鬥中，最令人追憶的犧牲者。

以孝傳家的李錫金

時時感念父母的李錫金，在父母死後擔起長子的責任。友愛弟弟，賣身爲父母修墳。兒子李聯超也得到最好的身教，將豐厚田產讓給弟弟，地方人都稱讚他們的父慈子孝。

艋舺的一間商行裡，李聯超正和顧客討論訂貨的事情，老顧客黃慶軒想從內地運來一批建材，李聯超是他信任的買辦。

說著說著，聯超的心急速的跳著。

怦！怦怦！怦怦怦！

一聲一聲像擂鼓似的，連黃先生也察覺聯超的不對勁

•買辦即專門代表洋人在台灣辦理進、出口貨物的人。

•古人用扁擔扛物。

了。「你還好嗎?臉色看起來怪怪的!」

聯超憂心的說:「黃先生,不瞞您說,我突然有不好的預感,可能我父母出了什麼事了。」

「別擔心啦!不會有事的,一定是你平時太想念他們了,才會有這樣的預感。古時曾參和母親『十指連心』,難道你也有這樣的功力嗎?別想太多啊?想太多會擾亂心智喔!」

面對黃先生的好意安慰,聯超還是不能放心,他誠懇的說:「黃老闆,待會我想回家看看,您要洽談的事情,我會請店中其他人為您服務。」

黃先生很好奇,真的能心意相通嗎?他回答:「沒關係,等你回來好了!」

這天夜裡，李聯超快馬加鞭的趕回在竹塹的老家，把家人都嚇了一跳。更令人驚奇的是，母親陳氏真的病了，差不多吃過午飯後身體就覺得不舒服。聯超回家後，留在母親床前，侍湯奉藥，不敢離開。直到母親的病略為好轉，才鬆了一口氣。他請人捎消息回艋舺，說父母年紀已大，他要留在家鄉，在外地的工作打算辭掉。

黃先生聽說李聯超真的能感應到家鄉父母的狀況，很不解的問聯超的老闆，這是怎麼一回事啊？老闆也是竹塹人，對李家的情況了解得很透徹。「李家在我們那兒，早就是有名的孝悌人家。聯超的父親李錫金，李老先生才令人佩服呢！要不是他，我們竹塹也不可能那麼和樂，一定也像別的地方發生分類械鬥了。」

•編製竹籠的人。

老闆的話吸引了正在商行內的顧客，大夥都想知道，一個小小的人物，怎麼能阻止那種毫無原則可言的械鬥？原來，聯超的父親李錫金，是泉州晉江人。十四歲來台，就住在竹塹，錫金來台不久，父母親就因為旅途勞頓而病死了。錫金先將他們草草葬在荒野間，年紀小小的他，在同鄉的介紹下，來到一處商家幫傭。失去雙親的錫金，憑藉著一雙手的辛勤勞動，只能糊口罷了。每當清明年節，他想到別人都能為父母好好祭祀，只有自己父母的墳孤伶伶的在野外，就難過得睡不著覺。有一天，已經連續下了半個月的雨，錫金一早就來到主人家，跪在門口，淚流滿面。主人開了門，以為他發生了什麼事！

「錫金！快起來！怎麼了？」

●轎子在當時是富有的人家，才坐得起的交通工具。

「老闆，請答應我，先把五年的薪資撥給我，讓我可整修父母的墳，最近我常夢見父母抱怨又溼又冷，一定是我把他們葬得不好。當時我沒能力啊！老闆，請成全我吧！我一定會很努力的……」年輕男子的「五年」，差不多就是他的黃金年歲了。這五年幾乎等於「長工」，連過年也很少休息，不同於一般幫傭的工人，是非常辛苦的。看見錫金涕泗縱橫的模樣，老闆也很感動，就答應了錫金的請求。

不知道是錫金特別的勤奮，還是父母暗中保佑。錫金在老闆的商行待了近十年，學了許多做生意的道理。然後他和弟弟共同經營一家小店，也買了一些田地。做生意得來的收穫，他念著弟弟年紀較幼，總是多分一些給弟弟。

李家的孩子都一起讀書。同房堂兄早死，錫金把姪子當成自己的孩子一樣的教導照顧。錫金請老師來教孩子，除了學問外，特別注重禮儀和德性，晚輩都被教導得進退有節，彬彬有禮。

「有這麼一個好榜樣，難怪李聯超也是個孝子。」黃先生感嘆。

商行老闆說得起勁：「還不止呢！李錫金老先生在我們那兒很受尊敬，誰家有兄弟不和睦，李老先生就會去勸止。他從身體髮膚受之父母開始說起，一直說到兄弟若是不和睦，父母會有多傷心。常把人教訓得淚漣漣，兄弟的感情也就和好如初了。」

的確，錫金認為，如果大家都能孝順父母，不做使父母心痛擔心的事，世間的惡事一定可以消除一大半。他最遺憾的就是自己的父母死得太早，等到自己有能力奉養時，父母已是一坯黃土！基於這個出發點，當咸豐年間（西元一八五一年到一八六一年），艋舺因隔省或隔府爆發的械鬥，眼看著就要蔓延到竹塹，他和進士鄭用錫，一莊一莊的去勸導，要居民愛惜身體，珍惜渡海至台辛苦的收穫，不要做無意義的爭戰。幸好有他們的竭誠勸導，竹塹地方的事態才慢慢平息。除了這項功勞外，當地方歉收時，錫金就會連合地方的富農，捐出米糧救濟災民，地方上都很敬重他。

「照你這麼說，李家的生活算是過得還不錯，為什麼他家孩子還要來你這兒工作呢？」有人提出問題。

•竹塹即現今的新竹。

「這又是李家教子成功的證明了。一般人家分家產時，總想多得一些。即使自己不在意，妯娌間也會斤斤計較，尤其是長子，總覺得自己該多分一些。這種情形在李家就沒發生！李聯超正是李家長子，他在分家產時，把良田都分給自己九個弟弟，自己得的幾乎沒法子耕種，但他從沒抱怨。所以他才來艋舺當我的夥計啊！」

「那他這一回去，你不就少了一個得力助手？」

「對呀！但我知道聯超最在意的就是父母，現在他母親病了，李老先生也老大年紀了，聯超不便再遠離家鄉，也是可以理解的！」老闆很能體恤聯超的心情。

•爲了表揚李錫金孝行的孝子坊，建於現在位於新竹市往青草湖的公路旁。

「對對，父母在，不遠遊，遊必有方。好夥計容易再找，真正賢孝的人卻是不可多得。」

一群人的談話全都圍繞著李家。在竹塹李家屋內，家人也因長子的歸來而真正團圓。

‧李錫金孝子坊。

外國商人與樟腦

簡單的工具就可以熬製樟腦，使得樟腦成爲台灣三大出產品之一。小小的樟腦在西元一八五〇年間引起外國商人和地方官吏的糾紛，進而擴大到簽訂「樟腦條約」。

天還沒全亮，老經驗的「腦丁」長治看看微白的東邊，料想今天一定是個好天氣。他們在「腦長」的雇用下，在這半山腰築「腦寮」，採伐樟腦已經有半年。熬腦的工廠就設在自己搭建的茅屋中，一組十來個壯丁，輪流守著腦灶裡的大鍋爐。

今天，一定要把昨天看到的那棵大樟腦樹砍下，那棵樹的味道香極了，即使隔了好幾公尺，都可以聞到它散出的特殊香氣。山上蚊蟲很多，但是熬腦的工人都不怕，挖一塊樟腦油抹在蚊蟲咬傷的地方，再怎麼痛癢的傷也不怕了。怪不得有這麼多外國人爭相前來訂購，這也使得他們這些製腦工人生活無虞。

長治在腦寮裡算是「老大哥」，大都由他分派今天該完成哪些進度。才十五歲的木源，因為被松果刮傷了腳，就待在腦寮裡刨木片。「加油啊！木源，平常人一天至少可以刨兩袋，你也不能輸給別人喔！」一定要刨成木片，才可以放進「腦吹」中製腦。大寒天製腦，也不需穿太多衣服，不斷燒著柴火的灶，上面的鍋爐水氣沸騰著。水蒸氣沿著鍋爐上特製的導管，蒸著樟腦片。含有樟腦氣的蒸

•在人造樟腦發明以前，台灣出產的樟腦占世界總產量的百分之七十至八十，是台灣最早的世界第一。

•西元一七二五年（雍正三年），樟腦由台灣官府獨占，規定人民繳納一定的權利金後，可以在一定的期間，採伐樟腦。

氣往上，凝結在倒置的收集陶盆中。最後拿下陶盆，等待樟腦結晶。這項工作非常簡單，只是得費時二十天。收集到的樟腦砂，再送到山下的工廠加工，就可以交給腦長拿去交貨了。

「長治哥，你對熬腦那樣有心得，怎麼不想去申購一塊山地，自己也來做腦長？」腦寮裡的工人，由於長時間的相處，早已經有兄弟間的感情，什麼問題都是不忌諱的。腦長至少不必親自來到山地，附近幾個腦寮曾傳出和原住民發生衝突的事，大批強悍的原住民，讓那些手無寸鐵的腦丁吃足了苦頭，這都是腦丁面臨的險境。

「別開玩笑了，開放採取樟腦以來，哪一筆交易不經過軍工局？那得花多少錢才打點得好？我哪有那種本事！」長治很老實的說。

「長治兄，聽說鎮上的羅老闆有門路，他會和洋人接洽，拿高利潤的鴉片換私熬的腦，再設法轉運出去，聽說這樣做的人，都賺了大錢。」有個小夥子這麼說。

「不不不，這些念頭別再有了，被抓到是要砍頭的。也不知怎麼搞的，清廷對我們台灣，什麼都不看在眼裡，倒是滿山遍野的樟腦，看得特別稀奇，康熙皇帝時還訂過戒律，禁止樟腦熬煮。還曾一口氣處死數十人，可是還禁不了熬腦。為了這事冤死的人，不知有多少！」長治對這段歷史，也是聽長一輩人說的。

要禁止採樟腦，就像要禁止人民飲水吃飯一樣。這時從大陸來台的移民一日多過一日，可墾的地也都分派出

・當時的軍工料館設在艋舺（即萬華），因為那時的樟腦多產在台灣北部。

•採集樟腦。

去，後來的人只好往山裡跑，伐樟熬腦的事怎麼能禁得了？有香氣的樟木可熬腦，沒香氣的可做木料，連一小片樹皮都不會被浪費掉。清雍正三年（西元一七二五年），設了「軍工料館」，由官方主持伐樟造軍船及製樟腦的工作，但對民間私採的人，管制得更嚴了。可是眼看外商不斷利用走私或違禁品交換的方式買樟腦，道光五年（西元一八二五年）清廷只好開放採樟腦，只是要交軍工局統一收購。像長治這樣的腦丁，就是從那時才能「化暗為明」，不再因熬腦而受罰。

「添柴火，再燒兩天，就要換新的腦片了。」長治看腦氣蒸發的情形，指示正在添柴火的夥伴。如果是老樹，熬出的腦就比新樹多，如果是樹根，可以熬出更多的成品。這些，都是得靠經驗才能掌握住的要領。有時看到好幾人合抱，才繞得起來的大樹，也被一點一點刨成碎片熬腦，長治也會覺得可惜。要是能運到山下，一定是造家具的上好材料。誰叫樟腦用途廣呢？洋人還有拿來製藥，什麼強心劑、風濕關節症的藥、皮膚病的藥……。最近「腦長」頻頻催促他們，說英國蟲害甚多，要購買大批樟腦，他們只好日夜趕工。

「不好啦！山下盛傳，因為洋行走私被查獲，朝廷打不過人家，竟和人家簽訂『樟腦條約』！」半山腰上，下山去看母親的小劉，正氣喘吁吁的奔過來，一面告訴大家這個驚人的消息。

「那我們還熬腦呢？熬出來到底有沒有人買呢？」正

・在沒有發明防蚊液之前，對付蚊蟲叮咬最好的藥方，就是抹樟腦油。

・因爲清廷規定台灣只有特定港口可取、販、運樟腦，增加洋商的轉運時間、運費以及樟腦精華的損失，引起英艦砲轟台南安平，稱爲「樟腦戰爭」。

在工作的腦丁，情緒一下子降到冰點。蒸餾樟腦的蒸氣還是不斷的送出，大夥的心卻開始收緊。

「咱們朝廷也真是的，老是洋人說什麼，我們就做什麼。咸豐年間（西元一八五五年）不是有英商羅必涅洋行，說要幫朝廷捉海盜，朝廷就把所有的經銷權都給了他嗎？後來別的國家看了眼紅，也想來分一杯羹，朝廷又把經銷權收回來。這樣看起來，這次又是洋人攪的局！」對時局看得很透徹的老于，曾讀過幾年書。

「別心慌，這批樟腦還是把它熬好，我再去打聽消息。」長治雖弄不清原因，還是先安撫人心。「官府收回專賣權，也不會一日兩日就成定局，這樣的情形也不是沒有過的事，總有解決的辦法。」長治這樣安慰別人，也算

•樟腦條約強迫清廷取消台灣的樟腦專賣，讓英商重新取得控制權。

說了讓自己安心些，還沒等長治下山打探消息，腦長黃先生已經風塵僕僕的上山來，把事情簡單的說給大家聽。

原來，當同治二年（西元一八六三年）那一次，清廷再度收回樟腦的專賣權，原本獨攬業務的英國商人，開始大筆走私。去年（西元一八六八年），有家洋行的六千多擔走私樟腦，在梧棲港被查獲沒收，英商不甘損失，幾次交涉清廷都不理會，就回英國奏告英皇。今年秋天，兩艘英國海軍艦艇攻台，在安平港開火。清廷三兩下就亂了陣腳，訂下了「樟腦條約」，要賠款六倍以上的金錢。

「事情大致是這樣的，專賣權又由洋人拿去。和同治年的前幾年一樣。反正官府也抽稅，洋人也抽稅，既然要樟腦，總要有利可圖。如果沒有半點利潤，洋人想得樟腦

•西元一八六三年，清廷重申伐樟木的禁令，並且正式將軍工料館改爲樟腦館，實施樟腦專賣。

也是不行的。大夥安心工作吧！」黃先生說得很有誠意，把大家浮動的心都定下來了。長治也樂觀的想，自古沒有不要錢的夥計，洋人當道，總不會虧待他們吧？況且他們的要求也不高啊！只要熬腦能和現在一樣，足夠糊口養家就成了！

誰也沒料到，這樣的光景維持不到幾年，黃先生就因支持不住要解散腦丁。他親自上山，告訴大家他的困境。失去專賣權的清廷，撤掉了原本駐紮在山區的軍隊，他的幾個腦寮都有漢番械鬥的意外。挾著「樟腦條約」的優勢，這回洋人不再客氣的要求供應樟腦，而要大家削價賣出，價格已經低得快沒半點利潤了。黃先生哽咽的說：「以前朝廷稅抽得重，可是還賣得出去。現在不照洋人的要求，連貨都運不出……，我想各位正值壯年，下山租塊田，好好耕種，總比熬腦好多了……」

腦寮裡的人一個個呆若木雞，「轉業」對他們來說是非常困難的，他們有的人，從一來到台灣就開始熬腦，也沒接觸過別的工作。像長治，一熬竟熬了二十年，青春少年熬出了花白頭髮！大夥面對茫茫前途，有些不知所措。

「各位，我真不知該說什麼。不過聽說從咸豐年時，英商多德（*John Doold*）從泉州引進大批茶種來台，茶莊的人手就一直不足，採茶女婢身價也從四十銀元漲到一百元。如果找不到田耕，各位可以到茶莊試試……」黃先生臨別的一席話，讓他們這些即將失業的腦丁又燃起了希望！

•約翰·多德原來在台北收購樟腦並販賣鴉片，後來發現北部山區適合種茶，因而掀開了台灣茶葉的黃金史。

•挑揀茶葉的婦女。

反正只要洋商人願意購買，無論是茶葉、樟腦或是其他東西，不都一樣！明日就要各奔前程的腦寮夥伴，有的已經悄悄的商量著，要一起去投靠種茶、採茶的同鄉。如果茶葉真的那麼受歡迎，連那個精明的英商多德都願意提供肥料、茶種給茶農，又保證可以全數收購……，那還擔心什麼！他們有的是健壯的身體和勤勞的雙手，老天爺不會讓這樣的人餓死的。心裡頭有了這樣的盤算，腦寮裡酣睡的工人，都做了甜甜的夢。

泣血報父仇的林全壽

爭地糾紛使陳、林兩家結了怨。爲了報父仇，林全壽二十年來時時刻刻尋覓機會。要不是眞正的孝子，是很難堅持那麼久的。

「走開！閃遠一點！」十二歲的林春生走在路上，被一群孩子趕到路旁，害得他手上拿著的一個番薯，也掉在地上。邊鬧邊笑的孩子中，他認出了一個人——陳仲祥。想必那群都是陳家的孩子，才會那樣目中無人。春生拾起地上的番薯，一滴眼淚落在上頭。

春生是林家最小的男孩，也是對整件事最不了解的。

• 林圯埔卽現今的南投縣竹山鎮，因鄭成功部下林圯的墓位於此地而得名。

他只是牢牢的記得，大哥全壽握緊拳頭，每說一個字就搥一下牆：「我一定要替父親報仇。」那時，父親的首級被別人當成功勞，遊街準備送到縣府。那顆慘白混著血跡的頭，害春生做了好幾天的噩夢。要不是母親想到這事是知縣下令追捕，有官命的，頑強反抗只會罪加一等；要不是母親的顧慮加上堅持，全壽大哥早就強行攔劫車隊，想為父親報仇了！他們一家人，只能屈在屋內痛哭。

林家是彰化林圯埔人，父親林新景是農人。當時有田的是業主，其餘的則是佃農。林新景底下有許多佃農為他工作，佃農繳給他的租金，他就用來繳交官租。由於新景待人客氣，不像一般地主一樣驕傲自大，佃農們都很敬重他。陳家也是林圯埔的大族，家長陳集賢就曾因爭地和林新景結了怨，雖然兩家勢均力敵，但私底下卻一直在找較勁的機會。集賢到官府密告，說新景抗納官租，意圖不軌。當時朝廷最忌諱的就是業主聚衆滋事，因為許多來台開墾的雇工，都是單獨一人渡台，血氣方剛。如果業主又不問他的背景，讓數十或數百個這樣的人混雜一處，難免會發生像以前朱一貴、林爽文的變亂。一聽到集賢的密告，知縣相當震驚，再加上集賢的族人希亮是保安局總理，他也說新景有不法的行徑。彰化知縣為了要迅速捉拿，就請集賢全權負責。

林新景抗租意謀不軌的消息傳回林圯埔，人人都說官府要來辦了。雖然是子虛烏有的事，但凡事惹上官府就說不清，林家想暫時到外地避避。陳集賢假意來通知：「明

●林姓是林圯埔的大姓，現在當地仍有林家的宗祠。

天文武官要來林圯埔，好像就是為了捉拿新景的。」聽了集賢的通報，林家連夜整理，讓新景離開。誰料到這正是陳集賢的圈套，他在入山的路上埋伏人馬，新景一經過就開槍射擊。並馬上割下腦袋宣告：「我奉了官命，要殺掉這個盜賊，其他與這件事無關的人不要鬧事。」陳集賢還振振有辭的說林新景的罪狀，要不是真有其事，他何必連夜遁逃？全壽雖然知道父親是冤枉的，但看到弟弟碧瓜、盧、春生都還沒成年，自己也剛過二十，只好聽從母親勸止，忍辱負重，但在他心底無時不想為父親報仇。

除掉了新景，陳集賢在地方的勢力獨霸一時，他捉拿新景這個「犯人」，也算成功勞一件，結交了許多官府的友人。集賢的四周隨時都有伴隨的人，所以全壽想襲擊，

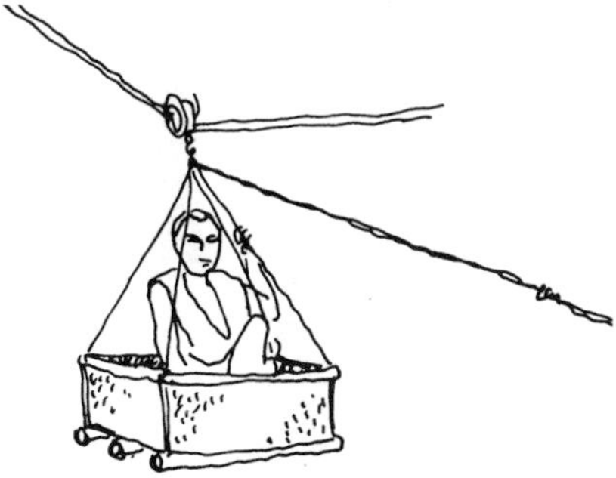

•林圮埔多山，河流也多，當時人們使用的渡河工具——流籠。

幾次都找不到機會。全壽向遠方的親戚求救，集結了兩百多人，打算元旦時入林圮埔，襲集賢報父仇。事情都講妥，除夕時，碧瓜和友人喝酒，友人激他：「你父親不明不白的死去，你也不在意！」

碧瓜逞口舌之快：「誰說的？看看明天好了，明天我們就要為父親報仇！」

這話很快傳回陳集賢耳朵，集賢看著滿桌豐盛的年菜，很輕視的說：「憑他們，我看他們死了心吧！」果然，當全壽請來的族人聚集時，赫然發現陳家外圍有多人守衛，槍枝武器充足，戒備森嚴。全壽不敢輕舉妄動，氣得指著碧瓜大罵：「都是你，害得我們報不了仇！」

這樣過了十年，人們都快忘記林新景的事，林家兄弟

•用扁擔挑物品的人。

還是銘記在心。有天，春生看見集賢單獨進了一戶人家，一談就談了好久，隨行的人因為兩家距離近，也被遣回去。已經二十三歲的春生，模樣和幼年時完全不同。他長得又高又壯，孔武有力。春生問附近的人家，才知道屋內的老太太是集賢的表親。老太太姓林，嫁給陳家，最近搬到這附近，因性情和睦，與集賢家也處得很好，兩家互有往來。春生聽到這兒，掩不住心頭歡喜，匆匆返家。

家中只有老母親，春生東翻西找的聲音驚動了母親，他高興的說：「報仇的日子終於到了！」母親大驚，事情不是告一段落了嗎？春生找出一把鋒利的匕首就要出去，母親攔住他：「你年紀最小，不是陳集賢的對手。敵不過他，你就必死無疑了。等你哥哥回來吧！」其實，母親是不忍心孩子再捲入紛爭啊！春生奪門而出，安慰母親：「我已經長大了，別擔心吧！」春生奔出時，和全壽大哥擦身而過，他只丟下一句話：「報仇的日子到了！」全壽還弄得不清楚，後頭氣喘吁吁的母親趕來，已經急得快哭了：「你弟弟要去殺陳集賢，但他那會是那老狐狸的對手，怎麼辦？你快去勸阻他吧！」聽到母親提到陳集賢，全壽的恨意又起，但看到幼弟這般毫無預告的行動，他著實吃了一驚。他請母親原諒：「事情已經到這個地步了，我也去幫弟弟。如果成功，就是父親顯靈保佑，如果不成功，我和弟弟在黃泉路上也好有個伴。」

全壽趕到義倉前，春生已經將集賢絆倒，並用雙手緊緊的抱住集賢。原本春生躲在路旁，想從背後偷襲，不料集賢身手矯健，反而揮去春生手中的刀子。兩人在地上翻滾，聲音驚動了集賢族人保長陳文彩，陳文彩正要舉杖擊打春生時，全壽趕到。他推開陳文彩，一刀刺入陳集賢胸口，他悲壯的對一旁驚恐的陳文彩說：「我們是為父親報仇，不干你的事！」報了父仇，林圯埔再也沒有他們容身之處，兩兄弟告別母親，連夜逃離。

集賢的兒子請縣官辦案治罪。幸好當時鹿港有位林家族人，是當時林圯埔的抄封委員，他被全壽兄弟為父報仇的心意感動，極力為林新景及林家兄弟請命。再加上陳集賢被查出和戴潮春有所牽連，他受戴之命，盜賣義倉穀物，佃農中也有加入戴潮春的黨人。殺的是這麼樣奸狡的人，全壽的罪不至死啊！官府採納這樣的說法，免除他們的死刑。從新景遇刺到事情結束，前後足足有二十年，要不是真正的孝子，是很難堅持得這麼久的。全壽兄弟的孝心，雖然慢慢在鄉里間傳開，但也受到了法律的制裁。

農民工作情況

幫派皇帝戴潮春

大陸的太平天國才告一段落，西元一八六二年台灣的八卦會又高懸義旗。戴潮春將自己神化，企圖一圓皇帝夢。他煽起的戰爭前後達四年，等勢力全消時，台灣地區已經沒有餘力再發動「反清復明」的叛變。

「不得了了！聽說官府下令要辦會黨，聽說這次是找曾在彰化任職，後來調任淡水同知的秋日覲來辦！你看，我們要不要先採取什麼對策？」彰化四張犁莊內，一個孔武有力的男子，衝進一家豪華的宅院，一下子就講了一大堆令人緊張的話。

聽了這番話，廳上的人神情一斂，官府畢竟是官府

太平天國的軍隊

•洪秀全，廣東花縣人，因爲幾次考試都名落孫山，又恨清廷受外國的欺侮，以上帝教爲名，從事推翻滿清的運動，建號爲「太平天國」。

啊！人家說「官字兩個口」，再怎麼樣強悍，和官府鬥總是很愚笨的。但廳裡正中央的椅子上，有位從剛開始就懶洋洋的人，很優閒的說：「別怕！別怕！我們八卦會的團練鄉勇，武功高強，隨官捕盜多年，什麼場面沒見過！前任知縣高廷鏡親自重用的，誰敢找我們的麻煩。」說話的人一臉自信。說的也是，咸豐年以來，大陸上有激烈的武裝暴動，幾個會黨，讓清廷疲於奔命，尤其是洪秀全的太平天國，兵力多達十八個行省。大陸上的活動，也影響了台灣。有心之士「反清復明」的念頭，又一點一點的萌了芽，零星的戰鬥在台灣時有所聞，素質不齊的鄉勇殺人越貨的事也不算新鮮，只是苦了百姓，似乎什麼人都得提防。不過，對彰化地區的人來說，他們有比官府更強的約

・阿罩霧即今日的台中縣霧峰鄉。

束力量，就是來自戴潮春的八卦會鄉勇。潮春有那種約束強豪的力量，小老百姓生命財產就多了一分保障。

「萬生，不可輕敵！秋日覲是有備而來，聽說他征調阿罩霧人林奠國，四塊厝莊的戇虎晟也為他募了四百勇士，兵力加起來有千餘人啊！」說話的是會裡一個長輩，萬生是潮春的字。

「戇虎晟不就是林日成嗎？他曾入會焚香，對五祖宣過誓，我想他一定是被秋日覲抓到什麼把柄，才答應募勇跟從。不過，阿罩霧人我看到就討厭！」很久以前，潮春的哥哥萬桂，曾與阿罩霧人爭田鬧得不愉快。潮春提起這件事，仍是餘恨未消。當時，萬桂就集合附近大戶人家組成八卦會，說好有事相互支援。到了潮春，才將會內組織訂好。八卦會出自從前鄭成功的天地會，也是以反清復明的民族感情號召群衆。會裡設香案三層，稱作花亭。上供五祖，潮春的祿位是「奉天承運大元帥」。入會者授以八卦隱語，這種神祕色彩，吸引了很多人入會。人數一多，良莠不齊，戴潮春自己也不知道會衆有多少。

潮春預料得不錯，同治元年（一八六二年）三月十五，千餘兵力到了大墩，林日成忽然反戈，轉向攻擊秋日覲。八卦會黨人四起，勢如破竹。五天後的半夜，他們圍攻彰化，由城內黨人做內應，開城門讓八卦會軍進入。這批人從東門進城，一邊大喊：「凡是願意跟隨我們的，只要燃香，我們就不加以傷害。」一時間，城內香煙裊裊，原來的守軍一敗塗地。銀庫被劫空了，火藥局被炸光了，

•西元一八六二年，大陸有太平軍之亂，台灣有戴潮春之亂，而英法聯軍也燒毀圓明園，和清廷訂北京條約，清廷在內憂外患之下，被搞得焦頭爛額。

八卦會的黨人，出乎意料的贏了第一戰。

被黨人迎入城的潮春，原本就夢想當皇帝。雖然他只是頭上纏著黃巾，身上穿著黃馬褂，但決心要做個像樣的皇帝。進了城後，他命令黨人不可騷擾百姓，要人民蓄髮遵從明朝制度。他自稱大元帥，封給許多人官職，有大將軍、都督、大國師、丞相、刑部尚書、禮部尚書、戶部尚書等。在兵亂中，取了主人首級來獻的貓阿鹿，雖然是殺掉秋日覲的大幫手，但卻沒得到半點官職。潮春感慨的說：「你是人家的奴才，怎能殺了主人求富貴？這種不忠的人，八卦會決不能容。」潮春葬了秋日覲的首級，還說自己起事是遵循眾人的意見，希望秋日覲能原諒。潮春這些舉動，都想顯示自己將是個仁慈而有作為的皇帝，他要

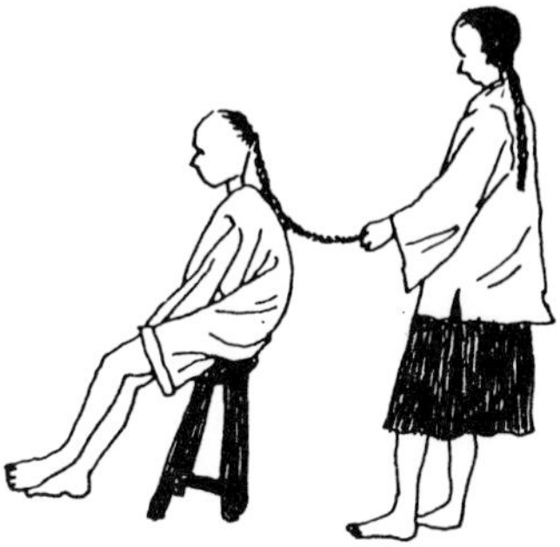

•編髮辮的情況。

等全台收復後，再正式的登基。

局勢是瞬息多變的，接下來的戰事，一場比一場難打。潮春剛占領彰化時，命葉虎鞭攻打附近的鹿港。虎鞭是泉州人，他以鹿港大都為泉州人不肯出兵。祖籍漳州龍溪的潮春，原本說好要聯合兩地的人共襄盛舉，但現在卻一直找泉州人的麻煩，在彰化城內泉人移徙，就會遭到劫財害命的慘劇，漳州人卻可以任意出入。葉虎鞭氣憤的說：「我們約定好禁濫殺，可是戴潮春卻沒做到。照這樣下去，兄弟之約可能不保，會演變成分類械鬥了。」雖然潮春從善如流，下令不准再殺害百姓，也允許人民自由離城，但他攻下鹿港的心願還是沒完成。五月台灣總兵曾玉明至鹿港，六月十九日，潮春派出的將領戴彩龍、鄭玉麟、李炎分別被擒或戰死，就連葉虎鞭也向同樣是泉州人的曾玉明投降。潮春旗下的黨人，有泉州人也有漳州人，聽到這樣的消息，不免人心惶惶。

各地自動起義的黨人，也在艱苦作戰。同治元年（西元一八六二年）五月初六在大甲，有王和尚起事。本來想斷水道，逼迫大甲人投降。但天下大雨，王和尚的起事失敗。從三月初就進攻的嘉義，卻久攻不下。潮春親自率兵，他自稱東主，穿黃衣，戴黃冠，坐在轎子上，很慎重的擇吉時登壇祭天，昭告自己要攻嘉義的決心。雖然聲勢浩大，引來數萬人圍觀，但嘉義仍是久攻不下。軍事要地斗六門，地勢絕險，糧運不便，潮春花了半年才攻下。太長的戰爭讓人人都失去了耐性，人民已經弄不清他們為誰而打這一仗。

西元一八六三年秋天，閩浙總督左宗棠派彰化人提督林文察回台，長期在台灣任官的丁日健也率兵支援。他們鼓勵地方鄉紳耆老效力，軍事漸居上風。兩個月後，收復彰化又過一個月，戴潮春在張厝莊被擒，林日成在四塊厝戰死。戴潮春的皇帝夢，終究只是個遙不可及的夢。

潮春死後，他仿太平天國所封的王，仍然頑強的打著仗。西王陳弄在第二年六月才被消滅，北王洪欉、洪璠，一直支持到第二年一月。同治四年（一八六六年）三月，嚴辦又豎旗於二重溝，號召餘黨，準備接應占據漳州的太平天國侍王李世賢，但一個月後，就被日健派遣的鄉勇擊敗。潮春的餘黨，算是完全平定了。

•林文察是個孝子，曾為父親報仇而入獄。也因為他的勇氣被保釋出獄，後來立下許多戰功，得到台灣樟腦專賣權，林家因此成為鉅富。

•戴潮春之亂的範圍，北起淡水，南至嘉義，共三百多里，歷時四年，是台灣民族革命時間最長的一位。

戴潮春之亂後，台灣地區天地會的實力大傷，不再輕言舉事。清廷卻面臨更大的難題，一波波來自外國的挑釁，多事之秋，才慢慢要開始。

•清布政司。

筱雲山莊傳書香

清咸豐時，台灣還沒有印刷機，書籍的取得非常不容易。呂炳南繼承家業，以購買藏書供學子借閱，讓父親仁厚的個性深植人心。

三角仔在今天的台中縣神岡鄉三角村，對居民來說，最得意的莫過於村中有位善心的呂炳南。他慷慨的把自己的藏書陳列出來，供村中好讀書的居民閱覽。這時是清代咸豐皇帝年間，離第一架引進台灣的印刷機還有三十多年，每一本書的完成，都非常困難。所以，許多人不惜遠赴大陸買書，或是趁著有熟人到內地考試、經商時，託他們帶幾本回來。家中有的藏書，都被看作傳家之寶。

呂家本來就是地方的大族，但卻沒有一般望族驕矜之氣。大約乾隆年間，呂家就渡海來台開墾，剛開始住在彰化，後來遷到豐原，之後又有一房移往三角仔。

炳南的父親呂世芳，是來台的第三代。他的動作慢，個性憨厚，常遭同伴戲弄，卻不曾生過氣。據說有一次，他們這群孩子上山撿拾柴薪，世芳走得慢，遠遠落在後頭。等到他上了山，同伴已經開始撿柴，有人告訴他說：「世芳，那個洞裡有好多柴，我們每人都撿了好多，你可以去那兒撿。」

世芳不懂得提防別人，一聽到洞裡有柴，不用滿山撿取，立刻高興的說：「謝謝！謝謝！你們肯把現成的柴木讓給我，真是太感激了。」他背著竹簍，連蹦帶跳的走進山洞，一點也沒留意到同伴的怪異行徑。

世芳昂首闊步走進洞穴，同伴立刻聚在一起竊竊私語，他們等著笨拙的呂世芳，會怎樣狼狽的落荒逃出。那可不是普通的山洞啊！而是一個巨大的蜂穴，剛才已經有一個小孩走近時驚擾了蜜蜂，手上被叮了一下，還好趕緊灑了一泡尿才止了癢。走得近些都會被叮咬，如果像世芳那樣走進了蜂穴，一定災情慘重。這群孩子起初存著頑皮的心理，等著看世芳逃出的模樣。他們笑著鬧著，越說越覺得自己是個聰明的人。隔了好久，一群蜜蜂從穴中飛出，世芳並沒有出來。孩子中有個平時和世芳較好的人說了句：「他會不會被蜂叮得昏倒了呢？我們要不要去救他？」存著作弄別人心態的玩伴，還逞強的說：「不會啦！再隔一會兒他就出來了。」又隔了一陣子，這群孩子開始良心不安，穴裡到底還有什麼呢？會不會有巨蟒或是其他野獸？這時又有一群蜂飛了出來，不知道是誰說了句：「世芳變成鬼了，這些蜂就是他的化身！」做錯事的孩子再也顧不了面子，嚇得邊哭邊逃下山。

其實，世芳走進洞裡，並沒有看到木柴。他心想，也許得再往裡頭走段路吧？他聽見嗡嗡的聲音，抬頭看到巨大的蜂巢結在石壁上，知道自己闖進了大蜂穴裡。他鎮定的說：「蜂仔，蜂仔，我只是來拿柴的，不會傷害你們。」說也奇怪，原本一大群圍在巢外，準備抵抗敵人的蜂，居然像聽得懂他的話似的，分成兩隊，逐隊飛出。當第一隊飛出時，世芳看到石壁上有個平台，上面一塊光亮閃爍的白銀。他好奇的問：「蜂仔兄，這塊白銀是給我的嗎？」第二隊蜂飛出時，居然像發出：「是！是！」的話，世芳高興的拿走白銀走出洞穴，想向同伴道謝。他走出來看到外面凌亂的柴木，才想到自己剛才誤闖蜂穴全是同伴的作弄，誰知道會有這樣的奇遇呢？

有了這塊白銀，呂家的生活立刻得到改善。他可以讀書，又有錢做生意，家境越來越好。世芳教導子輩，除了要他們跟老師學習外，也常提到自己年少時的經驗。他要兒子盡可能善待別人，與別人交好，這樣在無形中，就可以吸取朋友的長處，讓自己的品行更臻完美。

呂家富裕，世芳個性又豪爽，常準備宴饗，又聘請梨

•梨園原指唐玄宗訓練宮女歌舞的地方。沿襲至今，統稱演舊劇的地方爲梨園。

園長駐家中，只為了招待各處來的朋友。朋友來這兒，既能享受美味飲食，又可以欣賞戲曲表演，對世芳的豪爽好交遊，留下更深刻的印象。當世芳去世後，他的長子炳南承繼父業，年紀才二十出頭。這麼年輕的孩子，能維持家風，不墜父親的名聲嗎？雖然有人懷疑，但呂炳南做得更漂亮。

呂家教子有方，五個孩子都非常孝順。為了安慰母親張太夫人，呂炳南建了兩進多護龍式的別莊，讓母親能在美麗的亭園中，逐漸忘去悲傷。這座巨大的豪宅在世芳去世後十年才建好，樓台亭園都非常講究，許多建材是直接從內地運來的，命名為筱雲山莊。筱雲山莊中的書齋，藏有呂家陸續購買的藏書，差不多有兩萬多卷。這些，全是呂炳南這幾年，在前去上海、天津時，盡力蒐羅書籍帶回的。

他想學父親結交四方朋友的豪情，但不是以梨園宴饗來交流，而是以各式聖賢書來結交友人。呂炳南在決定前，曾與四個弟弟商討，雖然也有反對的意見，認為書籍得之不易，任意開放，若是引來「雅賊」或是意圖不軌的人，呂家不是損失慘重嗎？炳南提起父訓：「當盡量與人為善，不要隨意懷疑人。」來說服弟弟，呂氏書齋就一步步實現了。

事實證明，這間為所有學子開放的書齋，也為呂家帶來良好的影響，它吸引了好讀書的族人及各方好研究的學子，呂家後代在這群人中，也是詩文俱佳，有許多中了秀

・筱雲山莊位於現今的台中縣神岡鄉。

才。當地的文風，也在呂家的倡導下，愈加淳厚。

呂炳南四十二歲就在上海返台的海上遇難。不過，他請來的家庭教師吳子光，為書齋命名為筱雲軒，也替書籍做了分類。呂炳南的生命，因這座圖書館——筱雲軒的開放，深植在莘莘學子心中。

•吳子光，是呂家特別從廣東請來的老師，不僅教授呂家的子弟，連丘逢甲都深受他的影響。

會說英語的李春生

西元一八六五年，李春生從廈門到台灣，看出台灣與世界貿易將有的遠景，他以流利的英文擴展商機，成為北台灣富商。

李春生專心的聽先生講課，他一向最認真，每天提早到鄉塾裡，背誦習字，從不偷懶。但是從明天起，他就不能到鄉塾裡讀書了。昨天夜裡，爸媽對他說：

「春生，家裡實在沒法子供你讀書了。又還有弟弟妹妹，雖然你讀得不錯，將來也許可以讀個功名什麼的……哎！但是爸媽沒法子撐下去了。」

・商館買賣物品秤貨的情景。

他們家只有一點點薄田，再怎麼勤奮工作也只能糊口。家中成員越來越多，不得已，只好把春生送到商行學經紀。商人雇用員工，都是從最簡單的工作學起，打掃店鋪、整理貨品……。年紀還小的春生不能把書讀完，要開始吃苦負擔家計，這在疼愛子女的李家夫婦來說，是相當不忍心的。

「沒關係，爸、媽。不是有人說：行行出狀元嗎？我一定會努力的。而且，我早就覺得在學堂裡讀書，整天坐著太無趣了。還不如去學做買賣，進進出出的，多好玩啊！」懂事的李春生這樣安慰父母。他表面上裝得不在乎，心裡卻還是捨不得，這最後一堂課，他格外認真的聽。看到鄉塾裡的同學，有的正準備參加今年的考試，而

當時洋行與港口的關係

他卻與讀書無緣，春生在心裡暗自下個決心，將來一定要在其他方面出人頭地，為自己爭一口氣。

廈門是個開發很早的港口，外國商人進入後，也帶入他們的宗教、習慣和文化，這些差異在春生眼中，都是非常新奇有趣的。其中，他最感興趣的，就是城裡已經有不少人，每隔幾天就會到教堂。他們穿戴整齊，在這時候什麼都不做，只是和教友們一起讀讀經、唱唱歌，臉上充滿了喜悅。春生已經在教堂門口張望了好幾次，引起裡頭人的注意：「歡迎，歡迎，請進來！」那人熱情的邀請他。

春生張口結舌，邀他的居然是個黃髮藍眼的洋人，說著不標準的中國話，害得他吞吞吐吐的說：「可是……可是我不會說洋人話！」他以為洋牧師講道，頂多只會一兩

•李春生十五歲開始學習英文。

•為洋人工作的捆工。

句本地話，其餘全用外語，擔心自己聽不懂。

「別擔心，我能學會你們的話，你也可以學我們的話，一點都不難！」牧師還是親切的說明。

春生就這樣成了教友，很快的成為一個最熱心的教徒，他從宗教中學會了以親切的態度接納別人。不久，連他父親也加入耶穌教。其實，在教會中，春生盎然的求知慾得到滿足，聖經故事，詩篇以及牧師的道理，他從裡頭得到新的感悟，這和以前在鄉塾讀的是完全不同的。為了要更進一步接觸宗教，他央求牧師教他英文。

「你想學英文?很好，很好。」牧師很驚訝這個年輕人的決定，畢竟在當時學外文的風氣未開，一般人對他們「洋人」還是有幾分排斥，別說來學洋文了。

春生在牧師的指導下，英語進步神速，不久之後，他不但能聽能說，讀和寫也沒有問題。他可以讀英文報紙，知道許多世界上發生的大事。春生已經比當時一般的人，有更前瞻的視野。當他進入另一家外國公司，以自己嫻熟的英文，為公司代理商業買辦，這時他不只是一名學經紀的學徒，儼然有大公司經理的氣勢。

同治四年（西元一八六五年），春生被聘請為淡水寶順洋行買辦，專門負責台灣地區貨物的進出口，這是他頭一次來到台灣，他一下船，看見大片綠野和勤勞的居民，覺得台灣島似乎蘊藏著無限的生機。

當時，台灣從大陸進口煤油、布匹，並把煤、樟腦、米、茶運銷大陸。春生正是負責進出口事宜，如何找到穩

●李春生長得短小精幹，眼光卻炯炯有神，會令人肅然起敬。

・茶葉外銷賺取的豐厚利潤，全進了洋人和富商的荷包。台灣種茶和販茶的基層勞工，仍舊住在破舊的房子，使用簡陋的農具，並沒有因爲茶葉興盛而改善生活。

定的貨源，如何和最殷實的商人合作，這些都靠他多年的經驗來完成。他將商務推廣得很順利，不但公司營業額提升，也讓別人注意到他商業經濟上的天分。其中，英國商人多德最先找上春生。

多德是一位很有頭腦的商人，他發現台灣淡水山坡地，是種植茶葉的良好場所，種植出的茶葉，質地優良，深受英國地區人們的喜愛。多德有個構想，如果請一批人專為他種植、生產茶葉，一定可以賺許多錢！他請春生協助，從勸農民栽種茶樹，到教導他們焙製茶葉，甚至提供部分貸款給農民，積極擴展他理想中的茶葉王國。春生原本協助多德，後來開始自己經營，一年可以賣出數萬擔，其中烏龍茶在西元一八六九年成功直銷美國，立刻成為市

•當時，台灣許多地區仍用油燈當做照明，台北市卻已經有電燈當路燈了。

•後來，台灣割給日本，李春生已經是台北商界的領導人，對當時的政治也具有影響力。

場明星，包種茶在西元一八七二年開始生產，經廈門轉運南洋，也非常暢銷，每年都有很高的利潤。

這時的春生，已是台灣地區的富豪。當光緒十一年（西元一八八五年）台灣建省，首任巡撫劉銘傳暫駐台北大稻埕，春生看到大稻埕雖然還是人煙稀少，但只要巡撫駐在此處，一定可以帶動附近商業的繁榮。他請富紳林維源共同出資，合築千秋、建昌兩條街。這兩條街，外型參照西洋建築，蓋得非常漂亮。外國商人大多集中在這兒，附近的商機也被帶動得活絡起來，馬路、電燈、自來水、現代醫院，台北慢慢成為一個進步的地方。

光緒十六年（西元一八九一年），在台灣設蠶桑局，林維源為總辦，春生是副總辦。他們請人在觀音山麓種桑

・李春生在台北大稻埕設商行，所蓋的洋樓、街景。

養蠶，雖然劉銘傳後來離開台灣，植桑養蠶的計畫暫停，但春生的辦事能力，已經受到朝廷的重視。春生的商務連帶促使了台北的發展，第二年，台北開始有了鐵路，從基隆港口到台北的交通更加便利。春生也得到朝廷授予同知的官位，賞戴花翎。

雖然李春生只是個商人，但他經常閱讀報紙，對新的知識、觀念很能接受。光緒年間變法維新，春生也以自己的眼光，評論變法自強的必要性，並刊登在報章上。在他心中，自己雖然不能考功名做大官，也同樣為同胞盡一分力呢！

霧峯林家的興起

霧峰林家在台灣開發史上有很重要的地位，從林石隻身渡台，到林文察帶罪立功，林家的家族績業，就一步步鞏固起來。

臘月二十以後，蒸年糕的味道就四處飄散。在霧峰林家，每逢年節，欣喜中還有幾分感傷。

霧峰林家原本住在大里杙一帶，第一代始祖林石是由福建漳州渡台。由於林爽文之變，財產充公，到了第四代定邦、奠國，把整個產業從大里杙遷到阿罩霧，也就是現在的霧峰，原本衰微的家業才又慢慢興盛起來。

•汲水用大水車。

原來以為遷到開墾較少的霧峰，不會惹什麼是非。定邦個性溫和，不懂得提防別人。他們的墾地和當地土豪林和尚距離很近，林和尚看兩兄弟日日克勤克儉，心裡擔心他們的墾區會日益擴大，到時候自己在地方的勢力就保不住了。林和尚的壞心眼，定邦一點也沒注意到。有次，他落單在田裡，被林和尚的僕人看到了，就快馬加鞭趕回報告。

「真的，四周都沒別人嗎？」

「對，他還很接近我們的水源……」

在當時，農地是否能有好收成，全看水源是不是充足。各地都有大圳、池塘或是各種設法引來溪水的設施，「搶水」是很忌諱的。定邦因為被林和尚誣陷侵犯到鄰家的水源當場被人打死，等定邦的屍首被發現橫臥田野，雖然知道是爭奪水源引起的糾紛，但林家也無可奈何呀！每次聽叔叔敘述這段往事，定邦的兩個兒子文察、文明，都會義憤填胸。尤其是在過年前後要祭拜祖先時，他們思念父親的心就更加強烈。

文察、文明從小就想要為父親報仇，他們學習武藝，鍛鍊身體，立誓要報仇。但每年奠國叔叔都會勸阻：「你們還太小，最好再等一段時間。」

好不容易幾年過了，兩兄弟長大成人，鄉里的人都稱讚他們勇敢善戰、武藝高強，就連他們自己也覺得報仇的時機成熟了。

「哥，林和尚氣焰越來越高，我們是不是該動手了？」文明想到過年前是農人最清閒的時候，林和尚縱使有再多的佃農和僕人，為了準備過年，大家也是各忙各的呀！當時父親不也是在這種疏忽的情形下遭到毒手？

文察也動了心，畢竟子報父仇是天經地義的事，誰也不能攔阻的。

他們埋伏在林和尚的宅院附近，趁林和尚出來時，兩兄弟就上前突擊。

「我們總算報了父仇……」

事成之後，他們在父親墳前祭拜，哽咽的說：「父親，您安息吧！」

這樣的復仇事件，雖然達成兩兄弟的願望，但卻引起公署的震驚。懸拿人犯的告示張貼著，林文察開始逃亡。

這時，大陸發生了太平天國之亂，戰亂延綿數省，清廷極需能領兵的人才，協助平定太平天國的兵亂。

有人保荐林文察，說他是個人才，清廷就免除他的罪，讓他率領軍隊到大陸打仗。林文察由家丁佃農中組成了台勇軍隊，投入大陸的戰場。這是第一支由台灣人組成的軍隊，也是第一次由台灣人渡海去幫助清朝政府消除反抗勢力，林文察的一舉一動都倍受矚目。

林文察果然不負衆望，他率領的軍隊勢如破竹，在各地都傳出捷報。台灣人勇敢善戰的聲名，在大陸各地傳聞。

一六二二年彰化、嘉義地區傳出戴潮春之亂，林文察回臺參與平亂，建立大功，官拜福建陸路提督，並且得到

・林文欽是個孝子，爲了慰藉母親，建了萊園。後來，林獻堂邀請梁啓超來台，梁啓超就下榻於萊園。

•中法戰爭時，林朝棟從霧峰帶領勇士兩千人，參與對抗登台的法軍，連連稱捷，將法軍趕回海上，因此被台灣父老視爲第一大英雄。

樟腦專賣的特權，而成為台灣鉅富。隔年，林文察又率鄉勇渡海，協擊福建太平軍，在此次戰役中，他死守戰場，絲毫不肯屈敵。但為了求救兵，他催促同在戰場的叔叔奠國：「您快走吧！我還能支撐一段時間，您逃出後請來救兵，我們就有希望了。」

奠國騎馬殺出包圍，林文察苦戰後沒等到救兵，命喪戰場。林文察的勇敢，在死後得到朝廷的賞賜。林家在文察被敕封後建了宮保第，在地方的勢力更鞏固了。一棟棟的宅第建起，林家的子孫更是緊密的團結在一起。

林家將領人才眾多，是當地人津津樂道的。像文察的兒子朝棟，在中法戰爭立功，朝棟的兒子季商，參加了國父孫中山先生的革命。在戰場逃逸的奠國，因為被安上

「臨陣脫逃」的罪，他的後代大多不再習兵戎，奠國的孫子林獻堂，就是日治時代台灣重要的政治運動領袖。

從霧峰山頂看出，山上終日雲霧飄渺。林家從先祖單身到台，到開創大家族，中間的過程正是一部先民的活生生奮鬥歷史。

霧峯林家族譜

- 林石（渡台始祖）—甲寅—
  - 定邦—
    - 文察—
      - 朝棟
      - 朝雍
      - 朝宗
    - 文明—
      - 朝昌
      - 朝選
      - 朝成
      - 朝斌
      - 朝鑑
      - 朝崧
    - 文彩—
      - 秋北
      - 波堂
  - 奠國—
    - 文鳳—
      - 烈堂
      - 澄堂
    - 文典—
      - 紀堂
    - 文欽—
      - 獻堂
      - 階堂

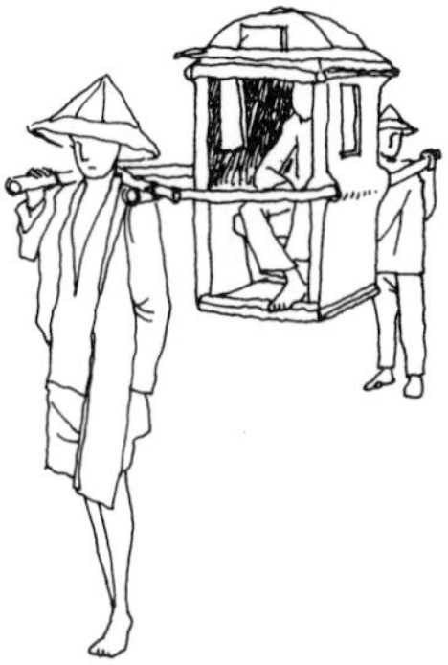

•當時使用的轎子。

牧師醫生馬雅各

為了傳教而來台灣的傳教士，也引進了西方的醫學、文化、科技，是台灣接觸西方事物的領航者。

「小麗，小麗，你快回來啊！」城裡一個婦人在呼喚走失的孩子，婦人披頭散髮，看起來非常狼狽。「小麗，小麗——」正說著，婦人看到前頭有一堆人聚集，好像在看什麼公告。她心頭一驚，難導小麗發生什麼意外了嗎？她奮力擠到前頭，布告上是一則尋人啟示：

『愛子走失，七歲，髮色微黃，身穿藍布小衫，於本月七日在城東散失，如有仁人君子送回，本人必贈薄酬道謝。』」

布告上附上一禎小孩的畫像，笑得甜甜的，彷佛什麼事都沒發生過。

四周人們的談話，卻讓這位著急的母親心寒了。

「嘖嘖，又一個小孩走失了……」

「對呀！這已經是今年第十起孩童走失案了。」

「一定是城中那座教堂作怪……」

婦人抓住旁邊的人問：「你說教堂，是怎麼一回事？」

那人壓低聲音：「你不知道嗎？有人傳說，那些黃頭髮、藍眼睛的外國傳教士，專拿小孩的腦漿製藥，他們才

•西元一七二三年，雍正皇帝正式禁止耶穌教的傳布。直到一八五九年，台灣才再見到傳教士的蹤跡。

•西元一八六五年（同治四年），馬雅各偕同杜嘉德、陳子路及漳州傳教士吳文水，首先在台南府城看西街開始醫療業務。

能這麼快醫好病症啊！」

「就是那間常幫我們看病的教堂嗎？」婦人忍住悲傷再問。

「對呀！別看馬醫生（James Maxwell）人很和善，其實全是他主導的！」

這樣的傳聞是從縣役貓角那兒傳出的，很快的像長腳似的傳得整城都知道。自從英國長老教會的牧師馬雅各，從府城遷來旗後，謠言也跟著來到。知縣凌定國不得不到鳳山旗後來勘察。

貓角振振有辭：「我知道他一定把用過的童屍埋在地下，不信你們挖看看。」

馬雅各牧師語氣溫和，剛學的中國語已經能清楚的表達：「請不要誣賴我，上帝要我來，告訴大家道理，我怎可能傷害小孩？」

許多人也半信半疑，貓角又說：「不然我們挖一挖，不就知道了？」

工人一鏟一鏟的挖，大夥兒的心情也越來越緊張。鏟子不曉得碰到什麼東西，發出了「鏘」的一聲。

「就是這裡，那洋人把孩子埋在這！」貓角吩咐工人挖出，真的是孩童的骨骸，圍觀的人看得都掉下了眼淚。

馬雅各牧師，就這樣被關進監獄。這一年，他來台灣才不到四年，卻已經經歷了人生許多的大風大浪。他坦然被捕，深信誤會一定很快可以冰釋的。

同治四年（西元一八六五年），馬雅各被英國長老教

•西元一八六五年，英國長老教會在台南傳教。當時，南台灣爲英國教會的教區，北台灣則爲加拿大教會的教區。

•西元一八六五年的七月九日，馬雅各轉到鳳山海口旗後街，繼續傳教行醫，小型的診所裡設有十張病床，是台灣有醫院的開始。

會派來台灣，開始了他傳播福音的工作。剛開始，他在府城看西街設教堂，一邊為民眾醫病，一邊傳教，工作進行得很順利。居民的病痛，像牙痛、頭痛或是莫名其妙的病症，馬雅各都能以自己受過的醫學教育，來為居民診治。

他治好人們身上的病，人們就更願意敞開心靈來接受福音。當馬雅各領著信徒唱歌禮拜時，他不知道災禍已悄悄的降臨。仇視洋人、洋教的偏激分子，不斷的攻擊他們是邪教。教堂禮拜正在進行，外頭就有人鼓噪喧嘩。馬雅各雖然無慮無懼，但當地有司卻怕惹禍端，請英國領事館轉告，馬雅各就離開府城，移往鳳山。他也設了教堂，盡方和附近居民和平相處，原本是相安無事的啊！怎麼又惹出這樣的風波。

被捕入獄的馬雅各，請英國領事協助洗刷冤屈。事情直到英駐京公使和總理衙門交涉，事情才有轉機。興泉永道曾獻德和廈門英領事吉普理渡台查辦，他們問了當地人，最後認定是縣役貓角的栽贓。為什麼要誣賴這麼一個手無寸鐵的洋牧師呢？

認了錯的貓角，還是憤憤不平，他說起咸豐年以來，受到洋人入侵的悲痛，「我們泱泱大國，居然要對一個蠻子國家開放商埠和港口，這成什麼道理！」而且，以前亂黨也多半假借神喻或宗教聚眾，他怕這樣的歷史重演。說得涕泗縱橫的貓角，搏得了人們的同情。不過，活罪難逃，貓角被罰流放到泉州，賠償死者千兩銀，這次的事件算是告了一段落。

•西元一八六八年底，馬雅各一行人再度回到台南府行醫，救治了許多已經被宣布死亡的人，因此聲名遠播，台灣人於是開始接受西醫。

平白無故惹上被誣陷的事，馬雅各也開始反省。他來傳教時，遇到的最大困擾，就是台灣人敬天法祖，崇拜百神，而基督徒卻講「不准崇拜偶像」，兩者的差異，不是三言兩語可以說得通的。有些較老派的台灣人，正是抓住這一點抨擊他們數典忘祖。教徒與非教徒間的衝突，時有所聞，馬雅各決心更進一步融進本地居民的生活中。

排教事件結束，馬雅各在大東門附近設教堂，他也傳授醫術給城中資質優異的青年。讓他們知道這一套醫人的方法，都是有學理根據，不是妖術或妖言。台灣的書籍取得不易，但長老教會有專司翻譯的人，努力將西方的典籍翻譯成中文。馬雅各也請在上海的弟兄姊妹為他帶來書籍，放在教會圖書館中，教徒也漸漸知道世界的廣大，天下的大事。

馬雅各的努力，讓居民慢慢的改變。走在路上，鄰居都會和氣的向他招手。他在傳教時，也深深愛上這塊土地和人民。教徒中有幾個年輕的孩子，學得快又十分認真，他想向教會爭取培育人才的機會。教會很快的給了回音，馬雅各興奮極了，他高興的向那些入選的孩子說：

「你們分別被派到福州或香港，學英文、學西方的知識，將來可以為教會做更多的事！」

這些孩子不久以後，真的被送出台灣，學習西方的學問，他們也是台灣人接觸西方的先驅。馬雅各不知道，自己已經掀開台灣發展的新頁。

•西元一八九七年，馬雅各的同伴安醫師，開始興建「新樓醫院」，於一九〇〇年落成，是台灣第一所現代化醫院。

台灣歷史故事❸開拓發展的時代〔1732-1840〕

1996年6月初版
2015年10月初版第十九刷
2018年8月二版
2021年3月二版三刷
定價：新臺幣200元

顧問	曹永和
審訂	台北市國小社會科輔導團
資料編輯	林淑玟
故事	鄒敦怜
叢書主編	黃惠鈴
封面設計 繪圖	張振松
內頁繪圖	高文麒、李月玲 楊政輯、韓光耀
美術編輯	陳介祜、盧朋 楊麗雯

出版者	聯經出版事業股份有限公司
地址	新北市汐止區大同路一段369號1樓
叢書主編電話	(02)86925588轉5313
台北聯經書房	台北市新生南路三段94號
電話	(02)23620308
台中分公司	台中市北區崇德路一段198號
暨門市電話	(04)22312023
郵政劃撥帳戶第	0100559-3號
郵撥電話	(02)23620308
印刷者	世和印製企業有限公司
總經銷	聯合發行股份有限公司
發行所	新北市新店區寶橋路235巷6弄6號2F
電話	(02)29178022

副總編輯	陳逸華
總編輯	涂豐恩
總經理	陳芝宇
社長	羅國俊
發行人	林載爵

行政院新聞局出版事業登記證局版臺業字第0130號

本書如有缺頁，破損，倒裝請寄回台北聯經書房更換。 ISBN 978-957-08-5156-4 (平裝)
聯經網址 http://www.linkingbooks.com.tw
電子信箱 e-mail:linking@udngroup.com

國家圖書館出版品預行編目資料

台灣歷史故事③開拓發展的時代〔1732-1840〕/
鄒敦怜故事．二版．新北市．聯經．2018.08
192面．14.8×21公分．
ISBN 978-957-08-5156-4(平裝)
[2021年3月二版三刷]

1.台灣史 2.歷史故事

733.21 107012398